养老产业
国际投资路径与效应

廖苏宏 ◎ 著

INTERNATIONAL
INVESTMENT PATH AND
EFFECT OF
PENSION INDUSTRY

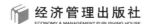

经济管理出版社
ECONOMY & MANAGEMENT PUBLISHING HOUSE

图书在版编目（CIP）数据

养老产业国际投资路径与效应/廖苏宏著 . —北京：经济管理出版社，2023. 11
ISBN 978-7-5096-9492-3

Ⅰ . ①养…　Ⅱ . ①廖…　Ⅲ . ①养老—服务业—国际投资—研究—中国　Ⅳ . ①F726. 99

中国国家版本馆 CIP 数据核字（2023）第 234915 号

组稿编辑：郭丽娟
责任编辑：赵亚荣
责任印制：许　艳
责任校对：王淑卿

出版发行：经济管理出版社
　　　　　（北京市海淀区北蜂窝 8 号中雅大厦 A 座 11 层　　100038）
网　　　址：www. E-mp. com. cn
电　　　话：（010）51915602
印　　　刷：北京晨旭印刷厂
经　　　销：新华书店
开　　　本：720mm×1000mm/16
印　　　张：10
字　　　数：174 千字
版　　　次：2024 年 2 月第 1 版　　　2024 年 2 月第 1 次印刷
书　　　号：ISBN 978-7-5096-9492-3
定　　　价：88. 00 元

· 版权所有　翻印必究 ·
凡购本社图书，如有印装错误，由本社发行部负责调换。
联系地址：北京市海淀区北蜂窝 8 号中雅大厦 11 层
电话：（010）68022974　　邮编：100038

前　言

　　中国经济在新冠疫情结束之后进入了一个全新的周期，经济运行出现了低增长、低通胀、低利率、低就业、低生育的"五低"局面。传统"三驾马车"中的消费和出口都在失衡中前行。在投资业务中，基建投资稳步增长，地产投资出现了明显的降速。在这样的发展背景下，房地产市场必将由增量转为存量，利润增长点由销售转为运营，物业类型由住宅为主转向由专业市场主导的多元化发展格局。伴随着老龄化社会的到来，以养老地产为核心业务发展而来的养老产业将会是未来的朝阳产业。然而，我国的养老产业却面临着市场大、运营差、企业亏的局面，这与国际上成熟的养老产业市场形成鲜明的对比。为此，笔者力求从经济学与管理学视角，借鉴国际养老产业市场的先进经验与模式，找到普遍规律，并在全球经济一体化的大背景下，寻求投资区域、投资方式上的先后顺序与模式选择，提出了重要的"三步走"策略，进而又分析了养老产业国际投资逆向技术外溢效应和国际投资政策建议。

　　由于笔者水平有限，不足与疏漏之处在所难免，敬请广大读者批评指正。

廖苏宏

2023 年 7 月于北京

目 录

绪　论

第一节　研究背景

伴随着我国经济的高速增长，我国社会居民的平均寿命已由中华人民共和国成立初期的 35 岁延长到了 75 岁，而随着我国医疗体系的逐步完善，人均可预期寿命还将进一步延长。与之相对应的是，尽管 2022 年我国 GDP 总量已经超越 120 万亿元，位居全球第二，但不可否认的事实是，我国人均 GDP 仅有 1.2 万美元，排名世界第 68 位。[①] 另外，民政部发布的《2022 年民政事业发展统计公报》显示，截至 2022 年末，我国 60 岁以上老年人有 2.8 亿人，占全国人口的 19.8%，已经步入老龄化社会。因此，我国目前正处于一个严重的未富先老的两难境地。更为严峻的是，随着我国经济的结构性调整，以及受全球经济增速放缓的影响，我国的 GDP 增速正由原来的高速增长转向中高速增长，2022 年的增长率为 3%，已进入平稳发展期；同时，人口出生率在生育政策放开后，依然屡创新低，2022 年新生儿仅 1200 万人，比去年减少 265 万，老年人口比重逐年加大，经济的增长减速与老龄化加速形成鲜明对比。[②]

面对人口老龄化发展趋势，我国养老产业的发展却是挑战与机遇并存。第一，面对我国并不成熟与完善的养老产业，行业平均收入仍处于较低的水平，行业内生产型企业良莠不齐，服务型工种吸引力不大。第二，养老产业中，生产型企业目前主要处于起步初期，更多的企业处于新产品研发和市场开拓阶段，而服

---

①②　资料来源：国家统计局。

务型企业属于典型的劳动密集型产业，很难获得高于市场平均水平的利润，因此全行业都处于无法盈利的状况。

在养老机构管理机制方面，政府作为社会基本养老保障的主导者，应该充分认识到其职责仅仅是提供最基本的生活保障。因此，政府应该逐渐减少其在养老基金中所占份额，将其主导地位转给市场。市场主导养老是一个必然的发展趋势。目前，我国的养老方式还停留在政府主导的模式，这种造成了很大的财政压力，严重影响我国养老保障的普及与推广。深入研究西方发达国家的养老模式，比较我国相应产业的增长水平，会发现两者存在较大差距，西方发达国家养老市场的发展已经相当庞大和完善，而我国养老市场的发展还任重道远。第一，目前我国的养老市场服务水平较低，仅能解决老年人的日常生活需求，对于较高端的医疗服务与精神需求方面较少涉及，这与人民日益增长的美好生活需要相矛盾；第二，目前我国的养老产业统筹层次较低，受各地发展水平参差不齐的影响，地域间差异明显，这与社会保障要求的公平性存在矛盾。因此，积极探索我国养老产业发展战略，完善养老产业内部结构功能，在人口结构严重失衡之前提前防范，是相关部门迫切需要解决的问题。

考虑到目前我国社会面临的严峻的养老问题以及人们日益增长的养老需求，有必要根据养老市场人群的不同进行市场细分，进而根据每个市场的特征有针对性地设计多样化、个性化的产品，以更好地满足养老市场的需求，挖掘养老市场发展潜力，使其在调和社会矛盾的同时成为我国一个新的经济增长点。在老龄化趋势越来越明显的背景下，养老产业发展呈现出巨大潜力，但是由于相关政策不明确，改革方向及进度存在很大的不确定性，相关企业在是否进入养老市场这一决策面前都持观望态度，踌躇不前。但从理论上分析，养老市场是一个由内生需求驱动的市场，该市场在未来老龄化浪潮来袭时，必将产生巨大收益。

通过前述分析，本书认为养老市场作为一个新兴市场，分析其国际环境与投资策略，并投资海外市场，可以在分散目前投资风险的同时，开辟新市场，提升投资组合的价值。另外，我国经济经过几十年的高速发展，社会转型已经初步完成，经济增长已经进入一个新常态的低速期，社会经济的发展理念从提升速度转变为看重质量，通过参与国际资源配置，经历产业转型升级全过程，能够在不断的竞争与合作中逐渐成长并充实自身。因此，对发展相对成熟的海外市场进行投资，培养出一批投资经验丰富、行业知识扎实、管理方法科学的团队，并将这些无形的财富带回国内，必将提高国内相关行业的总体效益。这种以资金换资源，构建自身核心竞争力的方法必将带动我国实体经济发展，提高我国经济增长质量，帮助中国社会稳定度过新常态的过渡期。

考虑到我国养老产业所处的特殊经济、政策、文化背景，本书创新性地提出了资金到资产最终到资源的长远性战略发展路径。首先，利用国内、国外在养老产业投资上的收益差，以资金的形式参与到国外先进国家的养老产业中，通过收（并）购等国际投资积累经验，并在此过程中不断修正和完善我国养老产业发展方案。其次，以国外投资养老产业为模式依托，学习国外先进的管理经验与投资策略，带动我国养老产业从萌芽到成长直至最终壮大，以期助力我国养老产业形成一种具有中国特色的经营模式，并成为中国社会未来的核心增长动力之一。综上所述，分析养老产业发展策略和国际投资，通过投资分析探索中国养老产业的发展路径，具有重要的现实意义。

第二节　研究意义

首先，养老产业有别于其他产业，其关系到劳动人口和退休人口的工作和生活，也关系到和谐社会的稳定健康发展。因此，换句话说，养老产业的健康发展对国家经济秩序影响深远。其次，随着发展中国家国际投资理论的不断深入，养老产业作为新兴产业，其国际投资研究不够深入的问题尤为突出，本书通过对养老产业国际投资的进一步研究，可以为我国养老产业的发展提供理论基础和指导，进一步丰富发展中国家向发达国家投资的理论。最后，基于中国经济社会发展现况和社会养老压力背景，分析国外同行的发展历程、现状及经验，结合中国国际投资和养老行业发展现状，概括未来养老产业在国际投资背景下可行的发展策略、路径以及在国内可行的几种开发手段和产品模式，包括对中国养老产业国际投资区域及方式的选择，这有利于解决中国日益突出的养老产业问题。

综上所述，本书的研究意义如下：

（1）由于目前国内关于养老产业的研究相对较少，利用已经发展得较为成熟的发展中国家国际投资的理论对养老产业的投资动因进行分析，可以对养老产业投资起到一定的理论补充作用。

（2）通过对西方典型国家养老产业投资策略和路径的研究以及案例对比分析，阐述对我国养老产业国际投资的影响和借鉴意义。在投资模式上可以借鉴国外成熟的案例，以避免盲目投资造成的资源浪费。

（3）养老产业作为一个新兴产业，成长历程较短、定位较为模糊，再加上开发时间长、涉及专业化运作，因此投资风险较大。通过对养老产业链的深入研究，建立全生命周期的风险管理体系，可以减少盲目发展造成的损失，间接创造社会效益和经济效益。

（4）通过研究国际投资对养老产业的演进作用，探讨养老产业逆向技术外溢效应的微观机理及条件，可以帮助相关企业制定清晰的养老产业国际投资发展战略，并在投资决策过程中提供有力支撑。

第三节　研究现状

一、养老产业发展相关研究

随着对养老服务研究的不断深入，针对养老产业的研究也开始逐渐增加，尤其在经历了所谓的"养老产业开元年"和"养老产业沸腾年"之后，社会各界对养老产业的关注都在不断增加。王建军（2018）[①] 提到，人口老龄化是中国在21世纪必须要应对的贯穿始终的重要国情，而中国在这种形势下，面临着老年人需求升级与养老服务体系不匹配的矛盾。众多学者围绕养老产业发展进行了多角度研究。

随着国内老龄化情况的不断加剧，学者将关注点放在了老年人的养老需求上。路锦非（2013）[②] 以中国老龄化程度最高的上海为例，探讨了中国老龄社会

[①] 王建军. 加快推进现代养老服务体系建设 [J]. 紫光阁，2018（9）：47-49.
[②] 路锦非. 中国老龄化高峰期对养老设施和医疗设施的需求——以上海市为例 [J]. 现代经济探讨，2013（1）：45-49.

将来对床位和医护设施的预期需求。据保守估计，到 2030 年，上海预计将需要超过 20 万名专业护理人员。养老机构 2010 年、2020 年和 2030 年所需要的资金投入估计分别为 5 亿元、8 亿元和 11 亿元。2010 年，上海需要 7 万多名医生，2020 年需要 9 万人左右。但是到了 2030 年和 2040 年，医生需求将增加到 10 万人，甚至超过 11 万人。胡祖铨（2015）[①] 测算了党政机关负担的养老机构投资需求，发现在养老服务范围内，政府每年的投资需求约为 1000 亿元，其中养老的床位费用和基本补贴占比较大。随着老年人口的增加和老龄化进程的加剧，政府注资的需求和规模继续扩大。这也表明，随着老龄化的加剧，政府养老投入的负担继续加大。

二、养老产业国际投资区域选择相关研究

与传统海外投资市场不同，养老产业属于一个新兴市场，各个国家发展存在巨大差异。而对外投资区域选择是为了获得更大的经济效益，因此，有一个科学的国际投资策略显得尤为重要。

众多学者通过实证研究发现，东道国 FDI（国际直接投资）总量与知识产权保护水平是影响企业国际投资的重要因素。喻世友、万欣荣和史卫（2004）[②] 通过分析大量东道国吸引跨国公司投资的规模，运用实证分析的方法，找到了吸引跨国企业投资的关键因素。研究发现，东道国的 FDI 与跨国企业投资总量表现出很强的相关性。也就是说，跨国企业的投资决策是由东道国的对外开放程度决定的。除此之外，东道国知识产权保护水平类的影响因子的影响强度也相对较高。杜德斌（2005）[③] 也同样通过自己的实证方法进行了验证。但是区别于前者，杜德斌的分析中，通信设施作为国际投资区位选择的基本保证条件，科技人才的总量也是影响国际投资吸引力的重要理想因素。

另外，部分学者对东道国经济发展水平差异与吸引国际投资的能力进行了分析，结果显示，发达国家更能吸引国际投资。赵伏云（2010）[④] 认为，在吸引国际资本方面，发达国家具有其他国家不可比拟的优势。一方面，发达国家相对来

① 胡祖铨. 养老服务业领域政府投资规模研究 [J]. 宏观经济管理，2015（3）：46-48.
② 喻世友，万欣荣，史卫. 论跨国公司 R&D 投资的国别选择 [J]. 管理世界，2004（1）：46-54+61.
③ 杜德斌. 跨国公司海外 R&D 的投资动机及其区位选择 [J]. 科学学研究，2005（1）：71-75.
④ 赵伏云. 中国企业对外直接投资区位选择研究 [D]. 东北财经大学，2010.

说有较强的科学、管理技术，因此其投资利润率相对较高；另一方面，发达国家的国民消费能力较强，有足够的市场支撑。文章中指出，欧美等发达国家的物质基础足够强大，因此在吸引中国企业的跨国资金投资上具有极强的吸引力。

除经济和技术因素外，文化因素也是一项重要的考虑因素。卢映西和肖平（2004）① 认为，在制定国际投资策略时，不能仅考虑东道国的经济水平以及科研技术能力，与中国具有相似的文化背景也显得至关重要。文章中提到，文化差异在跨国投资中往往有很大的影响，政治风险一般具有决定性作用，因此与中国保持良好的国际友好关系是国际投资的重要影响因素。不同于其他产业，养老产业是基于服务业向上、向下双向延伸的产业。因此，在养老产业国际投资过程中，良好的国际关系就显得尤为重要，而国际友好关系的量化方面，大部分学者是根据华侨数量来衡量的。也就是说，在做国际投资环境分析时，大量华侨聚集将是一个重要的考量因素。

三、养老产业国际投资方式选择相关研究

有许多学者就各种类型的养老产业投资主体及运营模型进行研究，发现了中国养老产业成长的特质和既有的问题，并阐述了中国养老产业投资领域的发展现状。

随着中国企业国际投资的不断发展，许多学者对国内企业进行国际投资的发展战略进行了研究。王衍飞和张红霞（2017）② 分析了中国与美日两国之间国际直接投资战略的异同，认为三国的共性在于在产业选择方面都经历了由低端制造产业到高新技术产业的转型选择，差异在于美日两国的对外投资区域主要选择发达国家或地区，且行业选择上更加偏好非银行金融业和绿色产业，而中国对"一带一路"沿线国家的投资大幅上升，行业也在向通信、金融、保险以及高端装备制造等行业转型。

目前主流理论将养老产业运营模式分为销售、租售并举、会员制出租三种，众多学者对这三种模式的发展现状、优劣进行了对比分析。刘亮、郭师虹和杨晶晶（2016）③ 指出，目前中国老年地产市场存在多种经营方式并存的局面，利润

---

① 卢映西，肖平．浅析中国企业对外投资的区域选择和行业前景 [J]．江苏商论，2004（1）：31-33．
② 王衍飞，张红霞．当前中国对外投资战略的国际比较——中美日三国对比研究 [J]．河南社会科学，2017，25（5）：43-49+56．
③ 刘亮，郭师虹，杨晶晶．中国养老地产发展现状及对策研究 [J]．建筑经济，2016，37（1）：67-70．

渠道尚未成熟，整体分为销售、销售＋回购、租售并举、会员出租制四种模式，整体来看，养老产业的运营模式和盈利模式尚处于探索阶段。李雅（2015）[1] 对现有三种运营模式的优劣进行了分析，认为销售型产品的优点在于开发商可以迅速回笼资金，回报周期短，但缺点在于后续的服务质量难以保证，使产品沦为打着养老地产名义的普通地产项目；只租不售型产品一般采取会员制，这种方式的优点是开发商可以在不获取土地所有权的情况下实现运营，消费者可以享受优质的服务，但缺点是投资回收期较长，同时面临着运营管理风险；租售结合产品的特点是采取"住宅销售＋养老配套持有运营"的方式，是目前比较理想的经营模式，既有益于资本金回流，也有助于养老机构的日常运作。

随着西方发达国家率先步入老龄化阶段，经过数十年的探索，初级的养老方式已经成长为较为成熟的产业体系。许多学者对西方国家养老产业的发展历程进行了研究，以期为中国养老产业成长带来新的思路。

刘亮等（2016）[2] 研究了新加坡、美国、日本的经验，发现新加坡主要采取养老居家模式，通过"一揽子"惠民政策减轻家庭的负担；美国主要采取社区养老的模式，融资体系完善，根据老年人需要接受护理的程度对养老产业进行多层次划分，通过咨询、护理等服务以及保险、理财等增值服务赚取利润；日本的养老地产开发者与服务方和保险方建立了优质的组织关系，借此提高了产品的品质和运营水平，同时政府设立了完善的同业管理制度，业内的规范运作确保了养老地产的成长空间。

第四节　研究方法

笔者根据本书的研究特点，选择了文献研究法、比较研究法、案例分析法、定性分析法和定量分析法。

一、文献研究法

笔者根据本书的研究方向，检索了国际投资理论与养老产业方面的相关文献

---

[1]　李雅. 浅论中国养老地产的商机无限［J］. 知识经济，2015（2）：43-45.
[2]　刘亮，郭师虹，杨晶晶. 中国养老地产发展现状及对策研究［J］. 建筑经济，2016，37（1）：67-70.

资料，运用文献研究法建立了对养老产业比较全面的认知与印象，包括认知养老产业的历史与近况，了解国际投资的动因、关键因素构建、投资效应以及风险管控的理论模型及学说演变，尽可能收集最新、最严谨的资料，基于前人的研究拓展新的理论方向。

二、比较研究法

从概念、理论、方法等属性方面分析国内养老产业发展模式与国外养老产业发展模式，两者的区别与联系，从而更全面地认识养老产业，确立更加符合中国特定政策背景的发展策略与模式。

三、案例分析法

通过比较国内和国外养老产业的典型案例，对既有的养老产业模式展开讨论，为有关企业进入养老产业提供了参考范本和指导方针。

四、定性分析法

定性分析是为了研究风险不同的优先级、风险的关联性、风险的本原，使管理者可以有效辨识风险，认识风险给项目带来的影响，拟定合理的应急方案和预防措施。

五、定量分析法

本书主要通过构建数学模型对要素利用影响区域经济增长的理论进行分析，采用了偏导数、积分和求解方程组等数理方法；此外，利用计量经济学模型验证了土地利用对区域增长方式的影响以及土地使用效率的影响因素，最终得出影响系数的最小二乘估计。

第五节　研究内容

本书对养老产业国际投资的现状、动因、关键影响因素、风险和逆向技术外溢效应的微观机理及条件进行了市场、理论、实证等方面的分析，共分为七章：

绪论介绍养老产业国际投资的研究背景，阐述了对养老产业国际投资关键因素进行研究的意义，探讨了本书的主要研究内容和技术路线，指出本书的创新点及主要的研究方法。

第一章详细阐述我国养老产业投资发展现状，在养老产业特有的行业特征的基础上，分析目前我国养老产业投资的发展历程、现状及特点，总结养老产业投资面临的问题。其中，国内外在该产业领域的投资收益差是本书研究的起点。

第二章从养老产业国际投资核心问题出发，通过投资效率问题分析，找到养老产业在国际投资过程中的两大关键因素：一是投资策略问题，即国际投资的区域与路径选择；二是投资模式问题，即轻重资产投资在不同阶段的转化问题。

第三章主要研究养老产业国际投资关键因素中的区域选择问题，先从西方典型国家产业发展经验研究入手，找到国际资本在养老产业领域的投资区域，然后指导我国养老产业在国际投资中的区域选择。

第四章为养老产业国际投资方式选择。本章首先对养老产业可能的投资方式进行了分析和对比；其次进行了相关的案例分析，对我国目前的养老产业企业进行了归类，并针对不同类型的企业寻找相关案例；最后对不同发展阶段的养老产业进行了不同的模式匹配。

第五章从国际投资的技术外溢角度对养老产业国际投资进行了详细研究，通过微观层面的理论模型探讨了养老产业逆向技术外溢效应的微观机理及条件，得出国际投资的逆向技术外溢效应对养老产业的影响。

第六章为养老产业国际投资政策建议。本章重点研究国际投资过程中可能出现的风险及其管理，以减少盲目投资带来的损失。首先，从风险分类出发，分析了养老产业跨国企业在国际化进程中遇到的管理、文化、本土化等方面的问题，进而建立风险管理体系，包括目标与框架。其次，详细介绍了养老产业目前遇到的宏观环境、养老行业及开发商企业三个维度的风险，国际化背景下我国养老产业风险管理的测度与体系构建，以及风险管理评价方法。最后，结合我国实际情况，提出我国养老产业发展的政策建议。

第一章　养老产业投资现状

第一节　主要发达国家和地区养老产业发展现状

美国、欧盟、日本的养老产业都领先于中国，它们的发展现状也各不相同，美国是中国借鉴的主要对象，其养老模式众多，特点是有着较高的福利、较高的遗产税和较多的低收入人群。

一、美国养老产业发展现状

美国的养老产业模式众多，1960～1986年流行的持续照料退休社区（CCRC）为在辅助照料下能够独立生活的退休老年人提供了独立生活的空间。CCRC设置有各种老年辅助设施与人员，能够让老年人在生活环境不变的情况下安度晚年，缺点是无法服务那些需要专人照顾的特殊人群。

1986年以后出现了非护理离休长者社区，简称ARC，这类社区同样需要老年人保持独立性，并且这类社区着重打造老年人的兴趣和社交活动，护理功能较弱，适合行动能力较强的老年人生活，是聚焦于享受老年生活的特殊群体的房地产项目。如果老年人需要专人照料，可以入住专业护理机构——居民健康护理设施，简称RHCF，其可以为老人提供全时、长期护理，包括高级照料和深度护理、药物治疗和基础辅助服务（如吃饭和穿衣辅助）等，适合无法独立生活、需要深度护理的特定人群。

近年来，美国各州都推出了地产恢复计划，拥有房屋所有权的退休老年人会失去医疗补助资格，鼓励老年人将住房的资产转变为信托资产，从而使大量房屋被重新投放市场，同时，老年人的养老生活质量由于信托基金的保障而大大提高。地产恢复计划使老年人养老生活的保障从非流动资产变成了流动资产，促进了养老消费。美国的代际资产转移规则有两种实现途径，即遗产方式和赠与方式。相比之下，遗产税较高，而赠与税较低，鼓励老人生前将房屋所有权转让给后代。另外，美国的老龄化近年来极速加剧，对于美国的养老设施同样提出了严峻的考验。在美国，富人倾向于寻求辅助生活服务来代替养老机构养老，而穷人的选择只能局限于养老机构养老。

二、欧盟养老产业发展现状

欧盟国家的老龄化程度特别高，大于 65 岁的比例接近 20%。欧盟各国的经济通常较为发达，属于高福利国家，部分国家的养老补贴甚至高于退休前工资，因此欧盟的养老产业投资十分繁荣。欧盟国家的养老机构的出资人主要有国家、大型保险公司、私人公司和非营利组织，机构主要包括豪华养老公寓、养老院、服务公寓、老年公寓、监护人公寓和终身养老院几种类型。

因此，欧盟的养老市场前景广阔，养老产业投资市场从 2012 年开始极速成长，每年平均增长 25%。由于养老产业的周期性较弱，行业基本面向好，因此逐渐成为主流资产的投资趋势。欧洲高端养老产业近年来发展迅速，可以让客户在熟悉的环境中继续享受优质生活。养老特色小镇的发展也异常迅速，老年人退休以后，通常会搬离城市，在郊区换一套更小的养老住房居住。因此，这类养老社区模式也十分普遍。

三、日本养老产业发展现状

日本具有特别的养老模式，我们称之为日本 EHCS（老年住房护理服务）。由于日本的医院床位紧张，日本政府为了减轻医院临终关怀的压力，设立该类护理机构，而不需要占用医院资源。2000 年，日本引入了保险制度，实现保险和护理服务的有机结合，老年人只需支付 10% 的保险费即可享受家庭护理服务。

第二节 中国养老产业投资现状分析

中国于 1999 年进入了老龄社会，到如今已成为老年人口最多的国家。21 世纪，全世界的国家都将呈现老龄化。依据联合国国际人口学会编著的《人口学词典》，老年人口占总人口 10% 以上的国家被判定为初步老龄化。中国第七次人口普查显示，60 岁及以上人口约 2.641 亿人，占比 18.70%；65 岁及以上人口 1.906 亿人，占比 13.50%，相较于 2000 年第五次人口普查的数据，60 岁人口占比升高了 5.44%，65 岁人口占比上升 4.63%。在老龄化愈渐明显的大趋势下，中国当前的养老需求却与市场供给极端不匹配。受老龄化趋势、国内外宏观经济及相关养老服务政策的多方面的助推，养老产业在中国兴起，近年来中国养老产业的整体发展态势可细分为探索阶段与起步阶段，各阶段具有不同的特点。①

一、中国养老产业的供给分析

联合国健康组织曾经做过一项调查：现代社会中约有 20% 的人不同程度地患有慢性疾病，75% 的人处于亚健康状态，仅有 5% 的人处于完全健康状态。现在人们普遍面临着快节奏与高压力的工作，很多人的身体条件越来越差，加上环境污染带来的负效应，人们的身体越来越不堪重负。随着中国老年群体的不断扩大，如何养老成为一个必须面对的社会问题。② 根据前述人口普查数据，到 2030 年，中国老龄人数将增加到约 2.8 亿。面对如此大规模的老年消费群体，各大投资方均想占领一份市场，养老产业也随之成为蓝海市场。③ 但在这种情形下，据不完全统计，2012~2021 年，国家养老设施中的病床总数从 417 万张稳步增加到 823 万张，表明每 1000 名 65 岁以上的老年人大约有 43.18 张病床。

在老龄化趋势下，养老成为一种普遍的需求，社会实体与传统的房地产结合起来创造了一个新的复合商业概念——"养老+房地产"发展模式。该模式引入

---

① 富爽. 西安市养老机构不同年龄阶段老人生活心理满意度及其相关因素研究 [J]. 经济研究导刊，2018，370 (20)：99-100+114.

② 张倩. 当代中国"积极老龄化"的伦理探究 [D]. 湖南师范大学，2016.

③ 赵喜顺，万本根. 老龄化与老龄产业研究 [M]. 成都：天地出版社，2004.

了房地产开发模式的集中开发形式和主题化寡头竞争策略,提升了传统房地产项目的服务运营价值。老年地产主要针对老年人的需求,提供满足老年人需要的住宅建筑,建筑功能主要包括经济可行、老年社交、生活支持和精神慰藉四项基本内容,老年社区、养老公寓和养老院等机构提供辅助老年人生活的配套设施。[①]

目前,中国养老产业的供求关系长期存在矛盾,无论是中产阶级能够消费得起的老年公寓还是高级的老年别墅,大部分产品都会在推向市场的时候被一抢而空。在国际上,养老产业一直以来都被列为重要的投资热点。养老产业具有投资大、开发周期长、低密低容积率、产品通常以看护等级进行分类、种类多样的特点。这类产品通常以租售为主,分为以社区为基础的养老机构、独立自主开发的养老机构和医疗综合养老机构三类,大多数定位比较高端,主要是为经济实力较强的老年人创建 CCRC 连续护理服务。有的机构位于市区,其客户秉持着在熟悉的市中心养老的观念,有的社区位于偏僻的远郊,拥有齐全的配套设施与服务,该类客户注重优质的环境。目前,三线和四线城市的消费能力逐步提升,随着社会老龄化的趋势越来越显著,这类地区的发展潜力也是巨大的。

涉及养老产业的国内上市房地产企业有 20 多家,主要有三家企业较早进入市场,如今发展较为成熟,分别是万科、远洋和复星,三家公司都有自己的特色。在城市覆盖方面,万科选择了 10 个城市,远洋选择了 8 个城市,复星选择了 7 个城市。三家公司的战略基本相同,即选择在一线和二线的重点城市进行养老产业布局。因为大城市的消费水平较高,消费观念整体也较三四线城市更为先进,而小城镇的老年人往往在家养老,所以目前国内养老住房项目布局主要集中在一二线城市。[②]

在项目数量方面,万科有 181 个项目,平均最低费用约为 4714 元/月;远洋有 20 个项目,已开放 12 个,平均最低消费约为 6221 元/月;复星有 37 个项目,平均最低消费约为 5500 元/月。万科涵盖国内养老房地产的三大分支——社区养老、机构养老和综合医疗,其中大多数实行出租或出售模式。销售部分可以有效、快速地回笼资金,但由于前期投入巨大,现金流回流需要很长时间。远洋集团主要发展机构养老业务,采用仅租赁模式,并收取用户会员费和月服务费。复

---

① 杨晓峰,周飞舟.中国养老产业标准化探索 [J].科技视界,2015 (27).
② 林峰.银发浪潮下养老地产的成长困局 [J].中国房地产,2018 (35):47-52.

星集团主要以社区养老为基础，开发模式聚焦在租赁而非出售，运营服务费按月收取。复星的 30 多个养老机构总共设有 4000 多张病床，满足率仅为 60%。养老房地产比传统住宅房要求更高，其功能规划不仅要考虑通用居住需要，也要满足老人的生活习惯和特殊设计要求。

在目前的养老产业项目规划中，有三个基本要素通常被提前考虑：适合老年人的住宅、令人满意的服务设备和无障碍的通行体系。除了上述主要规划要素外，还应考虑一些规划细节，如人类活动的引入、景观设计和心理学影响因素，包括光照、色彩、空间分布等。养老房地产的成功在于其规划和设计是否能够恰当地满足老年人的需求，是否经济可行。

随着市场的扩大和标准化，项目定位逐渐分为三大派系：第一类针对不同的细分市场，为不同客户的不同需求开发不同等级的项目；第二类以复星和远洋为代表，具有专业的运营团队和丰富的配套设施，规模较大，一般为会员制租赁住房；第三类是小型社区护理中心，投资少、风险小。

从养老产业细分行业来看，中关村科技发布的数据显示，2018 年至 2019 年 3 月，共有 18 家养老产业企业获得了外部投资，涉及文娱、智慧养老、养老机构、养老服务等多方面。在 18 家获投企业中，老年文娱获投最多，为 6 起，占比为 33.3%。

二、中国养老产业的需求分析

戴德梁行最近的一项调查显示，只有 10% 的高收入老年人希望与孩子一起生活，40% 的被调查者并不愿意和孩子共同生活，50% 的被调查者想与孩子做邻居。这项调查显示出，传统生活观念已逐渐过时，随着当今生活质量的变化，越来越多的年轻人喜欢独立于父母生活，父母愿意与同龄人一起参加小组活动，中国老年人的思想正在发生一些质的变化。

民政部发布的《2022 年民政事业发展统计公报》显示，截至 2022 年底，60 岁及以上人口达到 2.8 亿人，占总人口的 19.8%。到 2025 年，中国老年人口将达到 3.6 亿人，按照 17% 的比例计算，将有多达 6100 万人口失去自理能力，严重无法自理的老人将达到 4300 万人，空巢和独居老人数量将达到 1.76 亿人。从数据来看，中国人口的老龄化将继续加剧。

另外，60 岁老年人口中，60~65 岁人口占 27.8%，65 岁以上占 72.2%，处于这个年龄范围的群体有很强的养老需求和较高的消费能力，购买养老服务的意愿很强；80 岁及以上的老年人经济能力有限、社会资源不足，但仍然需要养老，并且更加依赖生活料理、精神安慰等。[①]

联合国经济和社会事务部人口司发布的统计数据显示，中国老年人约占世界老年人总数的 20%。2012~2022 年，中国 65 岁以上人口从 1.27 亿人增加到 2.10 亿人，老年人口比例从 9.39% 增加到 14.9%，养老保障需求巨大，供求失衡矛盾突出。为了应对当今的老龄化问题，养老保健这种社会服务应运而生，其以服务运营为基础，为住在家中的老人解决生活中由于身体老化遇到的困难。这种方法主要针对居住在家中并由社区提供支持服务的老年人。与机构养老模式不同，传统家庭养老和个人养老之间存在差异。根据《中华人民共和国国民经济和社会发展第十四个五年规划和 2035 年远景目标纲要》，要推动养老事业和养老产业协同发展，在"十四五"期间养老机构护理型床位占比提高到 55%。

如此巨大的老年人口增长率和增长基数使中国步入老龄化社会的速度领先于其他国家，为企业带来了新的商机。2017 年，中国养老产业市场规模保守估计为 3 万亿元。养老产业管理水平的提高也是其与传统房地产业的最大差异。全国大部分城市的养老机构都要与医疗护理、金融服务等机构合作，运营成为其最根本的核心竞争力。老年护理机构应该深入了解消费者是否愿意为这项服务付费。消费意识与服务意识正在发生转变的国内初龄老人真正步入老年之前，仍需要经历一段艰辛的过程。[②]

三、中国养老产业政策研究

随着老龄化进程的加快，中国对养老行业的补贴和转移支付将会增加。据观点指数的不完全统计，2016 年共出台 19 条养老相关政策，2017 年至今已发布养老相关政策十余条，其中 6 条是养老产业相关的财政支持政策。近几年，国家关于养老产业的政策下达力度较大，说明养老已成为国家的一项重要战略。政府针

[①] 熊惠，沈山，秦晴．"积极老龄化"视角下的现代城市养老居住模式研究［J］．经济师，2017（5）：18-19.

[②] 林峰．银发浪潮下养老地产的成长困局［J］．中国房地产，2018（35）：47-52.

对整个行业的总体情况颁布了养老体系规划和指引方针。

但也可以看到，政府补贴增加的同时，养老金上调比例每年都在下降，可知政府未来的养老形势严峻，需将关注点着重放在居家养老与社区养老上。

对于有关具体硬件设施和软性服务的扶持力度方面的条例，应根据各区域的不同需求和目标而因城施策，制定契合老年人生理和心理特点的住房规格和技术要求。例如，上海颁布的《社区居家养老服务规范》地方标准让老有所养的道德习俗形成了法律规范，并且规范了养老投资、建设及运营标准，为养老产业在当地持续成长和繁荣发展奠定了基础。又如，国务院发布的《"十三五"国家老龄事业发展和养老体系建设规划》勾画了中国未来养老服务的蓝图，逐步构建以居家为核心、社区为依托、机构为补充的体系，医养结合、心理慰藉的软性条件成为升级服务的重点，另外，智慧养老等方面也是未来突出的侧重点。①

随着"一揽子"政策的实施（见表1-1），养老房地产业的供给出现增长，如万科着重医疗业务的引入、社区护理养老中心的开发，复星的养老产业融合了智能技术。养老产业的种类和融资方式也越来越具有创新性。2017年12月12日，第一个共有产权养老住房项目恭和家园启动，并推出了养老行业基金和养老行业房地产投资信托基金等创新金融模型，促进了养老产业市场的多元化发展。

表1-1　支持养老产业的国家政策

时间	政策	公布机构
2017年1月23日	关于加快推进养老服务业放管服改革的通知	民政部等
2017年2月28日	国务院关于印发"十三五"国家老龄事业发展和养老体系建设规划的通知	国务院
2017年3月22日	关于开展养老院服务质量建设专项行动的通知	民政部等
2017年3月28日	中央财政支持开展居家和社区养老服务改革试点工作绩效考核办法	民政部、财政部
2017年3月28日	关于做好第一批中央财政支持开展居家和社区养老服务改革试点工作的通知	民政部、财政部
2017年6月29日	国务院办公厅关于加快发展商业养老保险的若干意见	国务院

① 周坚，韦一晨，丁龙华. 老年长期护理制度模式的国际比较及其启示 [J]. 社会保障研究，2018（3）：92-101.

时间	政策	公布机构
2020 年 1 月 22 日	民政部　国家标准委关于印发《养老服务标准体系建设指南》的通知	民政部
2017 年 10 月 17 日	民政部办公厅发展改革委办公厅关于确定第二批公办养老机构改革试点的通知	民政部、发展改革委
2020 年 1 月 22 日	关于确定第二批中央财政支持开展居家和社区养老服务改革试点地区的通知	民政部
2020 年 1 月 22 日	民政部　公安部　司法部　财政部　人力资源社会保障部　文化部　卫生计生委　国务院扶贫办　全国老龄办关于加强农村留守老年人关爱服务工作的意见	民政部
2022 年 11 月 18 日	中国老龄协会关于遴选首批"老龄科研基地"的公告	中国老龄协会
2019 年 2 月 22 日	关于对养老服务体系建设福利彩票公益金激励名单进行公示的通知	民政部

资料来源：根据国务院、民政部及全国老龄办官方网站政策公示整理。

四、中国养老产业融资方法分析

目前，国内养老产业主要有四种融资模式：全资自筹、合作投资、REITs 和 PPP（BOT）模式。

（一）全资自筹模式

全资自筹模式主要适用于资本实力较强的公司，并通过利用现有资金或其他渠道为自身的资本扩张提供资金，用于发展养老行业的投资。全资自筹模式有两大优点：一是具有可控性，可以按规划目标逐步落实投资计划并实施，不必担心会出现合资方干预项目决策或管理上的矛盾与风险问题；二是可独自获取全部投资收益。高利润模式带来的必定是高风险，全资自筹模式也有其缺点，即投资量大、风险难以控制，这也是大部分投资商望而却步的重要原因。

（二）合作投资模式

合作投资模式是指寻求合作企业，如保险公司、房地产公司、医疗机构等，组建新投资主体，共同开发养老产业项目。合作方式可以多样化，可以是商业合作、股权合作或保险公司投资房地产公司。保险公司的融资运作能力远大于房地产公司，房地产公司主要提供养老产业开发经验、地产规划与技术管理以及投资收益分配等技术能力，而保险公司需为项目提供长期支持，对项目运作资金进行合理管控及咨询。同时，医疗机构也是优质的合作对象。医疗护理机构具有较为优质的运营服务以及较大的市场需求，经过多年的经营与发展，了解市场预期和需求，市场信誉良好，积累了大量忠诚客户，并且这些资源已具有一定的市场地位。更重要的医疗条件是养老产业项目的核心竞争力之一。合作模式有利有弊，可为项目的成功奠定较为多元的基础，同时也会存在管理决策上的矛盾以及违约等不可抗力因素的风险。

（三）REITs 模式

REITs 即房地产投资信托基金，主要是形成房地产投资信托基金池，并将信托资产的收益凭证作为抵押。① REITs 的发行基本上是其专业投资公司开展稳定业务的基础，投资方向主要是房地产项目、抵押贷款和抵押贷款支持证券（MBS），收益将根据份额的比例分配。REITs 模式有三大特点：①收益是长期的，具有稳定的现金流；②流动性良好，公开市场交易；③波动性低，投资风险低。②

REITs 模式的投资规则相对简单，运作机制清晰（见图 1-1），享受税收优惠。REITs 模式的本质是资金的集中，无论资金量大小，符合评估要求均可参与投资。美国 REITs 模式的运作更简单、更清晰。

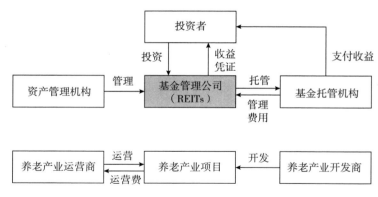

图 1-1　REITs 基金运作逻辑

资料来源：张成. REITs 实务要点全解析［EB/OL］. 个人图书馆网，http：//www. 360doc. com/content/17/0205/12/39101622_ 626655067. shtml.

---

① 刘天宇. 房地产投资信托基金的风险研究［J］. 中国商论，2017（14）：24-25.

② 江生忠，杨汇潮，袁卓群. 中国养老产业商业模式研究［J］. 现代管理科学，2014（10）：6-8.

（四）PPP（BOT）模式

PPP模式即政府与私人资本的合作模式，通常以特许经营的方式吸引社会资本进入公共设施的投资中。该模式最早起源于20世纪70年代，是英美国家促进经济从萧条当中恢复的一大政策。后来，由于中国大规模的公共设施建设，PPP模式已经广泛地运用到国内各个工程领域中，取得了不小的成就。

BOT模式指私人企业负责投资建设，在特许经营期内有经营该设施并取得收益的权利，在特许经营期结束后有偿或无偿转让所有权的模式。BOT是建设（Build）、运营（Operate）和转移（Transfer）的英文首字母缩写。近年来，BOT及其衍生模式已成为应用最广泛的PPP投资和建设方法，主要用于一些发展中国家的基础设施建设。[①] 2012年，民政部就鼓励民间资本进入老年护理领域发表了文件，采取政府补贴、国家购买服务等优惠鼓励措施，全面促进私人资本进入养老产业。私人资本可以利用政策支持、养老产业的准公共产品性质和巨大的市场需求，采用BOT模式进入养老产业和服务领域。建立社会养老院一方面可以在政策支持专营权下获取利润，另一方面可以提高养老水平，取得良好的社会效益和溢出效应。

养老产业目前仍处于发展期，相较于国内传统房地产业存在政策模糊不清等问题，而且养老投资周期长、回报率低，对社会资本的吸引力不足，其发展受到不小的限制。借鉴美国成熟的融资模式，一方面，我们将进一步推动中国REITs的成长，有效地刺激社会资本的投资；另一方面，充分利用银行贷款、特殊债券、PPP等手段扩大投融资渠道，减缓投资主体的财务压力，加快养老产业融资。

目前，中国养老产业的盈利方式尚未发展成熟，商业模式也不可复制。可以与具有丰富运营经验的房地产公司、保险公司和养老机构合作，开发新的运营模式，并为养老产业创建新的生态系统；为具有不同需求的客户群提供服务，结合金融产品的销售，可以有效地回流资金，实现长期现金流。

---

① 李荣华. 西方国家公共文化服务的典型模式、特点及启示［J］. 经济与社会发展，2014，12（6）：101-104.

第三节 中国养老产业投资存在的问题以及面临的风险和挑战

一、中国与主要发达国家养老产业对比分析

目前，国内外养老产业发展呈现如下特点：

（1）国外养老产业的投资回报率高于国内。面对同样急剧增长的市场规模，为什么国内资本迂回投资美国？最基本的考量是投资回报率问题。国外的养老产业具备非常完善的养老产业生态，具有高福利、高报销的特性，养老机构的大量开支是政府报销来支付的。而且国外的养老产业是从"二战"后的伤残照料开始的，比中国早发展了 70 多年，不仅居民的养老消费观念先进，而且养老相关的业态也十分完善，比如商业养老保险和房产倒按揭等金融服务使美国养老的单客净值成倍高于国内。这导致国外投资养老产业的回报率明显优于国内。美国养老产业的投资回报率高于中国还有另外一个因素，就是美国养老产业投资的流动性高。美国的五大 REITs 中，有两家是做养老健康的。美国 REITs 规模大，且管理专业、具有相关资质和牌照，使其流动性大大高于国内。因此，在养老产业的低点，人们可以买入资产，获得资产增值的红利；在养老产业高点，人们可以抛售，从而减小风险损失。因此，流动性也代表着预期收益的附加。

（2）国外养老产业的前景看好。养老产业在美国是房地产和医疗的叠加，两个行业各占 GDP 的 20%，且发展势头良好，充分市场化，并不存在过于严重的价格畸形导致的资源错配，因此整体发展迅速且健康。而中国近几年养老产业经历了爆发式的发展，但整体来看，仍处于发展初期。

针对以上两点差异进行分析，可以将产生差异的原因归结为以下几点：

1. 土地权籍制度与大规模需求间的矛盾

2014 年，国土资源部办公厅印发《养老服务设施用地指导意见》，明确了养老土地流转的属性和方法，出台了防止变相销售以及被动运营的相关条款。如养老服务设施用地在办理供地手续和土地登记时，土地用途应确定为医卫慈善用

地；养老服务设施用地以出让方式供应的，建设用地使用权出让年限按最高不超过 50 年确定；鼓励租赁供应于养老服务设施用地。但是地方政府如何在原有的土地中安排老年土地、如何获得老年服务用地的融资贷款仍然是一个悬而未决的问题。

《关于运用政府和社会资本合作模式支持养老服务业发展的实施意见》明确强调，主要鼓励三类分布式养老项目：

（1）当地公共养老院，配建公园、培训中心、医院、疗养院等设施，通过 PPP 模式改建为养老机构，吸引社会资本投资养老产业，倡导难以去化的商业地产转变为养老设施。①

（2）建立社区养老网点，向区域内的老年人提供餐饮、护理、文化娱乐等服务。鼓励政府将社区养老服务打包，并通过 PPP 模式转移给私人资本进行特许经营。

（3）倡导养老机构与医卫机构合作。构建一批主题型养老护理机构，增加特色服务，比如教育、医疗或文旅。允许社会资本支持建设运营项目，如医院、医疗中心、疗养院和符合要求的辅助设施，并提高项目的整体盈利能力。

2. 融资渠道单一与大规模资金投入间的矛盾

融资渠道主要以国家开发银行（以下简称国开行）+专项债+保险资金为主，REITs 迟迟难以实现。早期的养老产业项目之所以一再出现"挂羊头卖狗肉"现象，并在养老的名义下进行房地产开发和大规模销售，部分原因在于后续运营和持续照护服务存在短板，其主要利润来自长期租金收入和资产增值。由于现金回收率较慢，且在开发和运营过程中需要稳定和长期、低成本、大规模的资金支持，这与目前追求高杠杆率和快速周转率的房地产开发有本质的区别，因此在没有融资渠道、资金结构不合理、社会资本参与度低、缺乏对长期和低成本资金的支持的情况下，养老产业项目开发公司必须通过一些房产的销售，以及新的债务借贷和放大财务杠杆来保证现金流。2015 年后，国家开发银行、国家发展和改革委员会等部门分别针对养老产业发布了财政支持文件。国家开发银行融资、养老金特别债务和保险基金等均可成为养老产业的主要资金来源。关于 REITs 的研

---

① 财政部助力 PPP 养老服务业发展［J］. 新理财，2017（9）：12.

究已经开始。

（1）国开行融资支持。2015 年，民政部和国开行共同出台了《关于开发性金融支持社会养老服务体系建设的实施意见》，根据该意见，国开行陆续投入资金支持养老事业。截至 2016 年 3 月，国家开发银行共向养老产业投入 140 亿元，共支持 407 个养老项目，典型项目包括洛阳益康老年服务中心、漳州市社区居家护理服务中心、山东滨州社会养老服务中心、长春"幸福里"居家养老试点、崇明东滩老年社区一期 CCRC 等项目。国家开发银行的监管非常严格，会针对房地产开发企业的资质和养老产业项目进行评估，主要支持政府主导的经济适用养老项目建设。此外，它还支持由国有企业或私营企业和社会力量组织的养老机构，特别是医疗和康复机构的建设。

（2）养老专项债出台。国家发展改革委在 2015 年发布了《养老产业专项债发行指引》，并出台了多项支撑养老产业成长的措施，包括：债券可用于养老设施开发的筹资过程，可筹资比例从 60% 提升到了 70%；养老行业支持债券发行人发行的 10 年以上的长期公司债券或可再生债券；允许公司使用不超过 50% 的养老债券来筹集资金用以偿还银行贷款或补充营运资金；公司以出让形式取得的养老用地转入企业的资产。

（3）养老产业与保险产品捆绑双赢。由于保险资金规模大、回报要求低、投资周期长，因此相对更适合投资养老产业。《上海金融报》2018 年统计显示，约有 48% 的人寿保险基金是 20 年以上的长期基金，25% 是 5~20 年的中期基金，与养老产业投资回收期相当，保险公司 10 年以上的大量长期资金需要找到具有稳定回报的投资方向。养老产业更多与人口结构的变化程度有关，可预测且具有稳定的现金流。同时，养老保险产品与养老产业的客户区域高度一致，有利于养老产业的灵活运作，也有利于人寿保险产品的销售。

未来，寿险公司一定会将养老产业视为重要的投资方向之一。目前，保险公司投资了很多养老项目。太平养老产业管理有限公司与世界著名的老年社区品牌WATERMARK（美国水印）组建合资养老企业，共同开发老年社区"梧桐人家"的 CCRC 模式，与中国太平终身年金保险产品捆绑销售，这是一种典型的保险融资方式。美国养老产业有三种主要类型的投资者：REITs、私募和非营利组织。其中，REITs 是主流模式，开辟了社会融资渠道，聚集了大量低成本闲置资金，解决了发展过程中的大量资金占用问题。根据《中国养老周刊》，美国养老行业前十大投资者中有一半以上是养老产业REITs。目前，美国两大REITs是Fanta Trust VTR. N（目前总市值为224亿美元，市盈率约为32）和Welltower. N（原HCN. N，2015年9月更名，目前总市值251亿美元，市盈率约为22）。美国REITs基金投资模式尚未在中国问世。

3. 现有经营模式对产业发展的限制

（1）公办民营模式。这种模式由政府提供，以提供资金并分配用于开发和建设的土地，收费模式主要是押金加月费模式，其中大部分属于非营利性质。老年人需要支付固定金额的押金，有些机构提供不同等级的押金和月费支付标准，老年人根据自身的经济能力和消费偏好进行选择。老年人支付押金（金额低、可退还、20000~50000元不等）、每月服务费（包括物业管理和日常护理等基本服务）、附加个性化的特殊服务费。服务费标准每年更新一次，并涵盖医疗保险。但由于床位供给有限，入住需要等待较长时间。

（2）"会费+月费"的会员卡模式。随着"销售加租赁"模式受到广泛批评并逐渐退出市场，目前主流的盈利养老项目模式已经改为"会费+月费"的会员卡模式。由保险机构牵头的养老项目大多与其养老保险产品的销售捆绑在一起。老年护理机构向入住的老年人收取一次性会员费（100万~500万元），随后每月支付5000~10000元月费（如果需要其他特殊服务，需另加特别保护费）。目前，泰康保险、万科随园、上海市东滩瑞慈花园等均使用这类收费模式。应该指出的是，虽然缴纳会费的会员卡模式已经为投资者和开发商返还了一些现金，但因为这种养老公寓不是可销售的财产，没有产权证和产证，会员卡不能用作个人资产的证明，也不能抵押。目前，此类会员卡的性质应属于"长期租赁合同"或"会员制"，在现行法律制度下难以获得全面保护。因此，目前国有企业、大型保险机构和其他信用信息较好的企业更有可能获得消费者的信任和青睐。

二、中国养老产业投资存在的问题

养老产业是房地产业转型的一个蓝海市场，是政策性补贴和转移支付促生出来的朝阳产业。目前，国内养老产业仍处于探索阶段，其服务体系仍存在许多悬而未决的问题。除了关注老年人的生活场景外，养老产业还可以扩展到各种消费场景，如食品、服装、住房、护理、休闲和娱乐等，以营造全面的养老产业链，以老年服务为纽带，向上下游延伸和横向扩张。房地产是核心前提，同时联动产业链其他版块，进行综合资源的互相补足，组建产业服务的生态链。具体来说，中国养老产业投资主要存在以下问题：

1. 供需不平衡

老年公寓的供需不平衡是中国养老产业面临的一个主要困境。在发达国家，居住在养老机构的老年人占总体的 5% ~ 7%。根据国家卫生健康委统计，截至 2021 年第一季度，全国养老铺位数为 812.6 万个；65 岁以上人口约为 1.90 亿；全国范围内拥有铺位的老年人仅占 4.27%。与"十三五"规划的标准（10%）相比仍然有大约 902 万个空缺，处于供需极端不平衡的状态。①

2. 选址布局不尽合理

现代老年人的思维与过去截然不同。一些老年人倾向于在热闹、便利的市区生活，同时还可以跟子女在一起。但一些老年项目位于郊区，生活不方便，出行也不方便。养老机构尚未纳入全国各地区城市总体规划，规划当局不了解老年人的特点和需求，经常不能做出科学的规划。

3. 产品收费价格偏高

费用高昂是市场上盈利性养老机构的共同特征。万科、远洋、复星等机构的收费为每年 5000 元至 30000 元不等，② 收费水平取决于老年人的自我照料能力。能够自我照顾的健康老人的费用最低，只收取租金和餐饮等一般服务的费用。目前，老年公寓的总体收费水平较高，主要原因在于养老机构本身属于重资产加专业化运营的投资项目，自身成本较高。还有不少高端养老公寓，拥有优质的景观资源，同时服务人性化，各类设施高档、齐全，每年的收费非常高。

养老公寓应该考虑到老年人群消费能力的差异，不仅要满足高收入老年人的需求，还要满足低收入和中等收入老年人的需求。

4. 金融支持不足

与传统的住宅和商业项目不同，养老住房不能实现快速资金周转，且没有足

---

① 谢文海，刘有于. 武陵源风景名胜区龙尾巴村养老模式选择意愿分析［J］. 旅游纵览（下半月），2018（5）.

② 林峰. 银发浪潮下养老地产的成长困局［J］. 中国房地产，2018（35）：47-52.

够的现金流来支持项目资金。① 根据通常的计算，考虑到前期的土地成本和建设成本，养老产业的回收期长达 30 年。

中国养老房地产目前缺乏灵活的金融工具体系，特别是缺乏资金供应。由于大部分养老产业的盈利模式尚未得到论证，许多银行不愿意给养老产业提供担保和贷款。但是，随着国家对养老产业的支持力度增强，土地、资金、税费等相关政策越来越优惠，养老产业的资金问题将逐步得到解决。

三、中国养老产业国际投资面临的风险和挑战

（一）中国养老产业国际投资面临的风险

国际投资主要以跨国企业为主体，跨国企业主要是以本国为基础，通过在本国之外开立子公司开展国际业务。养老跨国企业的投资亦如此，但针对养老行业的特殊性质，养老跨国企业的投资有其独特性。一般而言，养老产业的国际化主要是基于 FDI 方式进行收购。② ①通过并购收购海外企业，从而进入当地市场，进而一步一步发展国际业务。此类方式能够较快地进入国际市场并获得相对完善的组织机构开展海外业务，但相应地，其所付出的成本也是最高的。②出资在境外成立办事处，管理海外业务。此类方式成本较低，但国际化业务开展较慢，很容易受到当地政府政策的歧视，不利于海外项目的成长。③与境外企业合作，进行海外项目的开发与建设。此类方式能够以较低的成本快速进入海外市场，但缺乏一定的实力，不利于海外业务的长期扩张。根据前文分析我们可以知道，养老产业国际投资通常数额巨大，因此养老企业想要进行国际化发展，通常会面临更为严峻的挑战。目前，中国养老产业的国际化仍属于初级程度，成功的养老跨国企业很少。以下是万科集团在养老产业国际化中的一个例子。

根据万科披露的销售数据以及国家统计局公布的商品房销售额，2013 年万科市场份额为 2.09%。随着中国房地产政策的调控、限购限贷政策的出炉，万科集团逐步开始进军海外养老房地产市场，走国际化战略。2012 年，万科集团通过对中国香港地产公司的收购成功于中国香港上市，并于当地设立海外事业部，

---

① 林峰. 银发浪潮下养老地产的成长困局 [J]. 中国房地产, 2018 (35)：47-52.
② 何金旗，姚元凯. 近期中国外汇储备规模变动成因探究 [J]. 对外经贸, 2018, 286 (4)：95-100.

开始国际化战略部署；次年，与美国养老房地产公司合作，投资开发旧金山项目；之后，通过收购、合作等方式，逐步向世界其他地区进行扩张。从万科集团的国际化发展中我们不难看出，其并没有跳脱传统的房地产企业国际化模式，万科集团的成功更多的是依靠其本身长期积累的资本实力、专业优势以及技术水平等，通过向外并购扩张，快速实现海外产业的布局。

由以上分析我们可以得出，养老企业的国际化经营更多需要的是自身实力的强硬，快速布局海外房地产事业并不适合所有国内养老企业。而想要真正进入海外市场，必要的准备仍旧是必不可少的。首先，基于养老投资规模较大，且受政府政策影响明显的特征，房地产企业要想跨国经营，得判断自身是否有足够的实力有效管理国内市场并竞争国际市场。其次，全面的前期市场调研必不可少，养老行业投资规模大，风险系数较高，贸然进入不熟悉的市场环境往往会断送国际化发展道路。再次，要有明确的发展战略，定位清晰。企业跨国经营，必然受到当地竞争对手的阻挠，面对市场文化的差异性，有针对性的布局发展往往能够更顺利地开展海外业务。最后，经营管理要遵循本土化战略。跨国经营往往要面临当地市场独特的文化环境及生活习惯，实行本土化战略能够更为快速地融入当地市场，促进海外事业发展。养老跨国企业的成功不是一帆风顺的，其间和当地政府、当地市场、竞争对手乃至文化习俗等有着充分的竞争与博弈。把握自身，加强对海外市场的了解，才能够更好地发展海外事业，形成真正的养老跨国企业。

在进行养老产业国际投资时，一方面，要紧跟政府的对外政策，获得政府政策层面的支持；另一方面，在与当地企业竞争的过程中，有必要不断提高自身实力，寻求发展机会。针对于此，可以从以下角度进行国际化竞争能力的提升：

首先，进行自身组织结构模式的创新。海外投资不同于国内投资，成功进行国际化投资的企业往往会有一个相匹配的组织结构和管理制度。而组织结构的创新，需要以国际化视角为基础，建立科学的管理制度，提高对外的决策能力及问题处理能力，以适应国际性的事务管理需要。

其次，产品是公司长期战略的基础。中国企业应当不断创新技术、改良品质，用产品征服国际市场，真正扎根于当地市场。海外投资讲究的从来不是一个项目的成败，而是能够真正立足于海外，形成企业的国际竞争力。因此，制定合理、稳定的国际投资战略尤为重要。

最后，需建立一定的海外服务平台，为海外事业的投资与发展提供支持。中国企业进行国际性投资与发展，先得明确当地市场的相关信息，对当地政策、经济发展情况、文化习俗、生活习惯等进行详细了解，从而制定相应的发展策略。通过不断提高竞争力，我们可以真正实现国际投资活动的长期稳定增长。

房地产投资以其投资回报率高的特点为人们熟知。不同于其他投资，房地产投资在能很好地抵御通货膨胀压力的同时，其风险也具有特殊性。而养老产业的特点是低利润、高投资、长周期和风险不确定。因此，如果针对养老房地产投资采取传统的风险管理模式，由于管理理念的落后和相关技术方法的单一，必将引发一系列风险问题，而任何风险问题都将最终影响投资回报。在老龄化程度逐渐加深的背景下，养老产业展现出巨大发展潜力，但是由于相关政策不明确，改革方向及进度存在很大的不确定性。许多已经进入该市场的企业并没有如预期那样获得巨额收益，甚至出现收益难以覆盖成本的尴尬局面。相关企业在是否进入养老市场这一决策面前都持观望态度，踌躇不前。但是从理论上分析，养老市场是一个由内生需求驱动的市场，该市场在未来老龄化浪潮来袭时，必将产生巨大收益。为了提升质量和效率，将全面的风险管理理念引入养老房地产投资是极为迫切的。

在投资领域，通过多元化投资分散风险是一个基本常识，过于集中的投资可能会提高投资收益，但会使投资的风险成倍增加。而养老房地产国际投资涉及的标的资金数额巨大，一旦市场环境或者宏观经济稍有波动，中国企业将面临巨大的资金损失。为了分散风险，中国的养老产业国际投资应该进行多元化投资，增加对房地产之外其他领域的关注与投资，如此才能构建一个相对稳定的投资结构，保证资金安全。通过前面的分析可以看出，老龄化是一个全球都在面临的问题。西方发达国家养老产业的发展较中国更成熟，因此其资本回收期较国内要短。养老产业作为一个新兴市场，分析其国际投资环境与投资策略，有助于在分散目前海外投资风险的同时，提高投资收益。中国经济经过几十年的高速发展，社会转型已经初步完成，中国经济增长已经进入一个新常态的低速期，这将要求更高质量的经济发展，亲自参与到国际资源配置中，经历产业转型升级全过程，在不断的竞争与合作中逐渐成长，充实自己。因此，对发展相对成熟的海外养老产业进行投资，培养一批投资经验丰富、行业知识扎实、管理经验科学的团队，将这些无形财富带回国内，必将提高国内相关产业的整体竞争力。这种以资金换资源，构建自身核心竞争力的方法必将带动中国实体经济发展，提高中国经济发展质量，帮助中国社会稳定度过新常态的过渡期。

前面讨论了为什么要开展养老产业国际投资全面风险管理的问题。其充分性问题，也就是全面风险管理对于养老产业国际投资的适用性问题也是显而易见的。引入全面风险管理概念和建立相应的系统要求管理对象的过程是固定和清晰的。通过深入分析养老产业开发的过程，可以将其整个生命周期归纳总结为如下几个流程，并且过程中的每个环节都是相互关联和相互制约的，任何环节都是必不可少的。需要注意的是，在开发某些养老项目的过程中，各个环节之间会出现一些时间节点上的交叉，但都是围绕这七个环节而展开的。因此，综合风险管理适用于养老产业国际投资（见图1-2）。

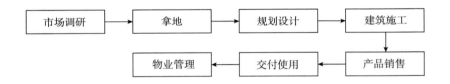

图1-2 养老产业国际投资风险管理流程

资料来源：笔者根据国际投资理论结合养老产业国际投资现状整理。

一般来说，全面风险管理主要分为五部分：风险识别、风险评估、风险分析、风险控制和监督与改进。

（1）风险识别。作为风险管理全流程中的首个环节，风险识别的重要性不言而喻。由于之后的环节都是以此为基础，因此对风险识别环节信息的全面性和真实性提出了更高的要求。在此环节中，风险识别的工作在于收集和整理所有可能会导致养老企业实际与预期目标产生差异的情况，涵盖养老产业开发的所有环节。由于这些信息体量大、内容多、形式复杂多样，因此高效的风险管理体系要求在风险识别环节做好信息的分类工作。为更好地保存风险识别环节收集的资料，为后面的风险评估及风险分析提供最真实有效的原始数据，需要建立一个专门的数据库平台。

（2）风险评估。将养老产业开发全部环节中可能会出现的风险事件进行整理分类之后，还需要对这些原始数据进行简单的分析。具体来说，每一件会导致最后结果与预期目标产生偏差的事件发生的概率都是有差异的。风险评估的目的在于针对风险识别数据库中的风险事件发生的概率，运用科学有效的方法判断其大概范围以及影响强度，为下一步的风险分析与风险控制提供重要依据。

（3）风险分析。风险分析建立在风险评估的根本之上，是对风险评估的进一步深入。对风险事件的发生概率及影响强度有了一定的认识之后，接下来的主要工作集中在一些发生概率高且影响强度大，对企业造成重大影响的事件上。在风险分析这一环节，会有很多科学的方法来辅助对具体风险事件的判断。每一种分析方法各有特点，需要管理者根据不同事件选择不同的方法，由此达到风险分析的目的。

（4）风险控制。风险控制需要与企业的整体发展战略相联系，明确企业的风险偏好。风险管理人员通过企业独特的风险偏好达成对不同风险事件处理态度的一致，进而便于采取不同的处理方法。风险控制措施主要包括五个方面：风险规避、风险降低、风险分离、风险分散和风险转移。不同的风险控制手段适用于不同的风险事件，其目的在于将风险事件造成的损失降低到企业可接受的合理范围内。需要注意的是，风险管理的各个环节都会发生不同的成本费用，科学的风险管理者需要衡量成本与损失之间的关系，选择不同的风险控制手段。

（5）监督与改进。全面的风险管理意味着一个动态、可持续的过程，因此监督与改进应该贯穿于整个风险管理过程。通过对前期风险管理的经验总结以及反思，可以修正之前的风险管理体系，使其更好地为项目后期或者今后的养老项目服务。改进可以正向推动风险管理更加科学化。另外，风险作为一种普遍现象无处不在，因此一个完善的风险管理体系的监督功能同样必不可少。正是由于监管体系的存在，风险管理的各个方面都能够有序、正确地进行，这是风险管理效率的前提和保证。同时，将风险管理质量与公司绩效考核相联系，可以提高相关部门的工作积极性以及主动性，倒逼风险管理体系的完善。

综观目前的养老企业，其基本已经意识到风险管理的重要性，已经普遍具备了建立全面风险管理体系的意识。但不得不承认，目前养老产业国际投资的风险管理体系刚刚起步，相关流程虽然已经存在，但是需要与全面风险管理的理念相融合。由此可见，养老企业全面风险管理体系亟须完善和进一步发展。

由于养老产业在项目投资开发过程中需要专业化服务，因此其面临的风险与传统房地产业面临的风险相比既有共性又有特性。总体来说，养老产业国际投资风险更加复杂主要是由以下几方面决定的：

（1）资金需求大。资金投入大是房地产开发投资的一个关键特征，且相较于一般房地产开发项目，养老产业需要的资金投入更大。养老产业是一种为老年人提供专业化适老服务的复合型地产项目，由于目标客群的特殊性，养老产业对地块本身的指标要求较高，低容积率、高绿化率的地块相对于普通地块，在土地成本方面就使前期开发投入增加。另外，养老产业的运营也比传统房地产运营在技术标准上更上一个台阶，运营不好会造成成本的增加。土地成本、基础设施和运营成本居高不下，使养老产业的投资前景令人担忧。

影响开发商投资养老产业的另一个原因要追溯到中国的传统文化。中国几千年的养儿防老的传统养老观念的存在，导致本应该非常活跃的老年人市场缺乏耐力。这种现象直接导致一些养老产业的后期销售遇冷，低去化速度意味着更长的去化周期，资金时间价值的客观存在导致了对社会资本投资养老产业收益率的更高要求。作为一种以市场为导向的房地产开发投资，需求直接影响供给，进而影响开发商对后期养老产业盈利能力的判断。虽然近些年，受到西方养老观念的影响，并在中国经济急速发展的推动下，中国社会的养老观念出现了一些转变，但总体来说，大部分资金在选择进入这一领域时，均持观望态度，这进一步阻碍了原本就起步较晚的中国养老产业的发展。

（2）融资渠道少。养老行业除了资金投入高这一特点外，另外一个显著区别于其他行业的特点在于该行业的负债率高。传统房地产开发项目的销售环节与建设环节是同步推进的，预售现象以一种负债的形式解决了开发商前期投入资金高额的难题。而养老产业的价值主要在于后期运营，与前期的开发关联度较低，因此期房的销售模式在养老产业的销售中匹配性较差。因此，摒弃传统房地产开发融资模式，寻找多种融资渠道是解决目前养老产业开发面临的瓶颈问题的关键。

西方发达国家的企业与资本的融合度高，私募股权基金、房地产信托投资基金以及保险等的发展都相当成熟，丰富了其养老产业融资渠道的同时，也降低了养老产业开发成本。不同于西方的多融资渠道，目前中国的房地产融资渠道主要集中在银行贷款，单一的融资渠道严重制约了中国养老产业的发展，同时极大地增加了风险。

（3）老年客群消费力不足。不同于传统房地产开发目标客户具有多样性，养老产业开发所针对的客户群体单一也进一步增加了养老产业开发风险。一方面，受传统养儿防老观念影响，中国对于孝道极其看重，认为和父母住在一起并亲自照顾才是孝道的体现。相当一部分人群认为让父母住进养老机构是一种违背孝道的现象，这种观念严重影响了中国养老产业的发展。另一方面，勤俭节约是中华民族的优良传统，目前中国大部分老年人的消费理念偏保守，消费能力严重不足，直接导致养老产业运营阶段盈利能力不足。

客户群体单一化在造成养老产业盈利能力不足、发展受限的同时，客户群体的特殊性也影响了养老产业的建设成本及运营成本。一方面，老年人由于生理问题，身体机能逐渐退化，因此对周边的医疗配套要求较高，同时对生态环境的要求也比一般人高。如果单纯地追求医疗配套，养老产业应该靠近城市中心，但城市中心往往意味着嘈杂的环境以及空气污染。如果为了追求环境的舒适和安静，养老产业的选址应该远离城市，在人口密度低的郊区，但是郊区往往意味着落后的医疗水平，这对老年人的生活造成不便。同时满足以上两点要求的可行性地块一般很少，而且土地成本比普通土地成本要高出很多。另一方面，在运营成本方面，老年人要求的医疗配套比较严格，医疗设施需要更全面、更专业化，因此其运营成本会成倍增加。

综上所述，土地成本、建设成本和运营成本增加，以及老年人的消费能力严重不足，严重影响了养老产业的盈利能力和中国养老产业的健康发展。

从养老产业风险管理现状来看，主要表现如下：

首先，养老产业面临着与房地产风险管理相似的问题。由于投资大、开发周期长，养老产业面临的风险类别更加复杂，因此对其综合风险管理体系的研究需要更深入。目前，中国养老产业风险管理不够全面，相关制度不完善，亟须系统分析养老产业风险，完善相关管理机制。

其次，受中国养老产业起步较晚、发展速度偏慢的限制，目前对这一领域的研究无论是从数量上还是从内容的全面性上来说，都与西方发达国家的研究现状形成了较大差距。特别是目前中国关于养老产业风险管理的研究主要集中在前两个阶段——风险识别与风险评估上，而对风险控制及监督改进等方面的研究明显不足。缺乏有效的风险控制手段使全面风险管理体系不健全，理念不能落地，各种类型的风险都时刻威胁着中国本来就先天不足、后天发展缓慢的养老产业的发展。

最后，全面风险管理是一个定性与定量相结合的工程，综观目前中国这方面的研究，主要偏向于定性研究，定量研究严重不足。简单的定性研究不能将最终的风险管理落到实处，而是仅保持在理论水平；定量研究的缺失使风险管理缺少一个效率的评价体系，进而严重影响其准确性。

考虑目前中国养老产业风险管理的现状，本书认为今后的风险管理工作要从以下几个方面突破，推动中国养老风险管理体系的健全和完善：

第一，针对以经营为主的养老产业特征，在普通房地产风险管理的基础上，延长养老产业风险管理期限，以适应连续经营。一般房地产项目在完成销售之后基本可以结束风险管理流程，而养老产业不同，在完成销售或者出租之后，才完成了整个风险管理流程的第一阶段，后面的运营阶段风险管理同样至关重要，会影响整个项目的最终盈利。因此，延长风险管理周期，使整个风险管理流程贯穿养老产业的各个阶段，可以在整个生命周期中真正实现风险管理。

第二，拓宽风险管理范围。不同于普通房地产开发，养老产业在运营过程中涉及多个行业，因此其风险管理所包含的内容更多、范围更广。在养老产业的整个产业链中，需要全面分析每个参与者所涉及的风险。只有扩大风险管理的范围，以适应养老产业的风险，才能实现全面的风险管理。

第三，系统化风险管理。只有在养老产业风险管理过程科学化、系统化，相关流程和管理框架得到改善的情况下，养老产业的风险管理才能得以持续。只有将对前期风险管理工作的总结反馈到之后的风险管理中，才能形成一个动态的管理过程。

（二）中国养老产业国际投资面临的挑战

1. 管理挑战

随着改革开放的继续深化，中国企业的国际化程度[①]可以概括为以下三个共

---

① 南晓芳，杨旻，王益民. 基于四维视角的新疆企业国际化进程研究 [J]. 新疆财经，2015（3）.

性的主要特征：

首先，在改革开放初期，中国更多的是以资源比较优势参与国际贸易，多是资源型企业对外发展；之后，企业以各种方式引进技术和设备，并按照国际技术标准参与更高水平的国际市场竞争，具有新的比较优势。

其次，企业的主要战略是重组和进入国际资本市场，中国企业开始面临更深刻的管理挑战。它要求中国企业使用"国际语言"——国际会计准则来满足市场经济的产权规则，建立企业治理结构和制度体系，遵循企业发展管理计划，提升核心竞争力。

最后，以增强管理的软实力为努力方向。观察世界500强的排名变化，并能长期留在世界500强，所有这些都是为了提升管理层资源配置的效率。在过去100年中，世界500强的变化历史就是其提升核心竞争力的改革史。如何在养老产业企业国际化经营过程中适应中国经济体制，符合中国国情，适应中国文化传统，适应企业历史悠久的管理文化，是中国养老产业企业面临的最大挑战，也是最复杂的管理体制工程。

目前来看，中国养老产业跨国企业在国际化进程当中遇到的管理挑战主要集中在以下几个方面：

（1）目前中国的房地产企业大多数以传统企业管理模式为主，在不断的国际化进程当中逐渐与现代市场要求脱轨。我们应该继续向现代企业制度靠拢，加快企业治理结构的变革，高效地管理，激励重点业务部门快速发展。

（2）在进行跨国经营的过程当中，中国企业应不断适应新环境下企业资本结构和产业结构的变化，在此基础上，制定相应的市场和企业战略，有效推动国际化。

（3）并购和整合是目前中国企业进行海外经营的最主要手段，房地产企业更是如此。养老产业企业要快速实现国际市场化，需要在跨国并购重组的过程当中建立起科学的决策流程，对成立的海外公司（办事处）根据当地实际需要进行科学管理。

（4）在跨国经营过程中，文化往往对海外经营的成败起着异常重要的作用。面对东西方文化的差异，应尊重当地文化，避免不必要的文化冲突与摩擦，在国际化进程中更好地把中国养老产业与其他国家养老文化相融合，促进中国企业的国际化进程。

中国当前正处于增速换挡期，宏观环境存在着不确定性。因此，企业需要准确识别政策环境，客观分析内外部优势，通过战略革新、理念研讨，培养创新成果，如新业务模式、新服务类型和新技术水平。企业只有顺应市场的波动和大形势的变化，才能保持竞争优势。[①]

2. 文化应对

随着中国企业越来越多地进行国际投资，逐渐走向国际化发展战略，其也面临着越来越多的机遇与挑战。企业跨国性经营活动一方面为其自身提供了广阔的海外发展空间，但另一方面也会在政策、文化习俗、经济活动、当地企业客户等方面遇到与国内不同的问题与挑战。目前，如前文所述，中国企业在国际化进程当中，也不可避免地会遇到诸多阻挠因素，不只是在商业竞争层面，这与企业本身的竞争力，特别是非商业因素密切相关。文化层面的矛盾恰恰是中国企业"走出去"遇到的最严重的问题和挑战。不同的国家或地区都有其文化传承和习俗，而这对其消费行为习惯往往会有着巨大的影响力，从而抑制了中国企业的海外发展。因而，中国企业在实施"走出去"战略的过程中，必须充分认识到文化差异性所带来的思考模式和消费行为习惯的不同及其对自身经营发展的影响。在对当地文化进行了解之后，在开展相应投资活动之前，应明确相应的文化应对策略，把自身的经营活动同当地文化习俗相结合，缓解两者之间的文化冲击，帮助中国企业国际投资活动成功落地。

总体来说，中国企业在国际化道路上，针对当地文化差异性，可以从以下三个方面进行应对，层层递进，寻求两种文化的共性，减弱双方在文化层面的摩擦和矛盾，促进中国企业的国际化发展。

（1）最为基础的是，中国企业在进行海外投资发展之前，应对所选的国家或地区进行深入的考察学习，了解当地的文化背景及相应的风俗习惯，避免因文化的差异性而引发相关矛盾（如在广大伊斯兰地区开展相关投资活动的过程中，我们就应避免在当地人面前谈论猪肉相关话题）。中国企业在国际化进程当中，首先要做到的便是尊重当地文化习俗。一般来说，当企业初次进入某个异国市

---

① 黄欣. 论电子商务对企业管理的影响与创新 [J]. 当代经济，2015（25）.

场，应放开心态，理解当地文化习俗和行为习惯。并且随着双方业务往来的不断增加，企业在当地发展的不断深入，应逐渐加深对当地文化的了解，避免相互间可能的文化矛盾，为企业进一步发展、提升国际影响力做好准备。

（2）在中国企业逐渐进入当地市场，对其文化习俗有了一定程度的了解后，应针对当地文化基础及市场环境，制定相应的文化策略，从文化层面真正为海外市场所接受。在跨国经营活动中，企业不可避免地会接触到当地的文化习俗并形成一定的碰撞。在了解并尊重当地文化习俗和行为习惯的基础上，中国企业的跨国经营活动是否会为当地市场所接受？相互之间的文化摩擦又该如何解决？制定进一步的文化应对策略，降低文化因素导致海外经营活动失利的概率，减少双方之间的矛盾与冲突是中国企业实行"走出去"战略，对国际业务的进一步要求。企业跨国经营，在制定文化应对策略的过程当中，应从以下方面进行考虑：

第一，一定要有文化自信，落实企业文化中心战略。文化是一个国家、一家企业的灵魂。在跨国海外经营过程中，企业应注重自我文化，确保内部精神的一致性。目前就全球企业跨国经营活动来说，最为典型的是迪士尼公司。我们可以很明确地看到，这家企业在全球化的过程当中，始终保持着其原始文化的一致性（以其经典的米老鼠、城堡等进行迭代），并把其自身的文化兜售于全球市场，取得了巨大成功。从对以上案例的分析中，我们可以知道，文化内核是一家企业保持自身独特性最为根本的因素，如果在跨国经营活动当中丢失了自身的文化传承，也就失去了一家企业最为核心的竞争力。

第二，坚持本民族文化中心主义。这并不是说把自身文化内涵全盘覆盖于海外经营活动当中，而是根据当地的实际情况进行考量，在保证自身内核不变的情况之下，适当把当地的特色文化内涵纳入跨国经营活动当中，实行多元文化并存策略。企业在进行跨国经营活动时，若全盘推行自身文化主义，往往容易遭受当地市场的挤压和歧视，并为当地政府所干预，造成跨国经营的失败。因此，在进行国际投资的过程当中，企业应在对当地文化特性进行分析的基础上，对当地的市场环境进行整体调研，选取合适的特色文化融于自身经营活动当中，以便能够更快地融入当地环境，减少双方的文化冲突，保障国际投资健康发展。肯德基在这方面尤为成功：一方面，其占领全球快餐市场根本上所依据的是其传统的快销饮食文化及炸鸡等产品；另一方面，其又会根据当地市场的特定环境，选取部分当地文化元素进行营销（如在中国，肯德基品牌往往会选取部分中国动画元素进行人偶、挂饰的制作并以此推售），以实现价值的最大化。从肯德基的发展战略当中，我们不难看出，企业在进行跨国经营活动时，适当地选取部分当地文化因素，能够促进企业海外经营的发展，增强自身于当地的认同性。

第三，随着企业在海外市场的不断扎根，最根本的文化策略也即求同存异，寻求双方文化的共通性，实现文化的海外传播，增强对海外文化的广泛认同。企业在国际商业活动中最根本的还是文化的跨国传播。这就需要中国企业对双方文化都有着深层次的理解，求同存异，寻求文化的共性乃至人类的统一性，立足于全球视角，模糊整体、局部的界限，从人最为核心的内在出发，从文化层面打开海外市场，从而促进企业的跨国性经营活动。

（3）企业应建立一套行之有效的文化危机处理方案，以应对企业海外经营过程中的文化问题。文化作为根植于人类内心最为核心的要素之一，不同文化之间的碰撞总会产生源源不断的矛盾。在追求文化共存的过程当中，海外企业也应做好随时应对文化冲突的准备，以促进企业跨国经营的顺利发展。一方面，企业在开拓海外市场之前，就应充分了解当地的文化背景，明确双方之间的文化差异，做到防患于未然，尽量避免冲突；另一方面，若企业的海外经营活动与当地文化发生冲突，应通过对当地环境的分析，判断双方之间的文化冲突是商业层面的竞争手段，还是对海外企业进驻当地市场的文化假设问题，抑或是更深层次的两者之间价值内核层面的矛盾，并基于三个不同视角的文化问题，制定相应的紧急应对方案。商业竞争层面的文化冲突本质上并非两者文化层面的问题，可以通过商业手段进行处理，如优质产品、良好服务、积极推广等，但同时也应注意避免对方借"文化"引起自身与当地的矛盾，加剧冲突。对于假设层面的文化问题，企业可以通过一定的宣传推广手段，对自身的经营方式及经营可能性在当地进行描补，但最根本的，解决假设层面的文化冲突仍得需要企业在海外长时间的经营，积累良好的用户口碑，削弱当地市场的文化恐慌性。最严重的便是双方之间价值内核的矛盾，这在一定程度上表明中国企业的经营性活动与当地的实际需求是相悖的，针对这种情况，可以对双方文化进行求同存异，寻找人与人之间最为普遍的共性与最一般的规律，从这方面着手，弱化两者之间的差异性，寻求当地的认同。

中国企业在不断国际化的进程当中，应当明白双方之间的文化差异是不可避免的，但也并不是无法解决的问题。应加强对海外市场文化的了解，尊重双方文化之间的差异性，求同存异，针对当地实际情况，布局行之有效的文化应对策略。海外经营，需以国际化视角为基础，树立正确的文化价值观，寻求双方文化间的共性，加强海外对中华文化的认同，推进中国国际化进程。

3. 本土化问题

目前，越来越多的企业通过开展海外投资项目，逐步完成从传统发展模式向现代国际企业的转变。然而，企业在不断地进行海外经营活动的过程中，往往会因水土不服等问题而受到当地市场的排斥从而拖慢企业的国际化进程。[①] 随着中国企业海外分布的增加，水土不服问题越来越显著。解决本土化问题，平衡跨国企业国际化经营与本土化战略之间的关系，对于中国企业进一步走向国际市场、提升国际竞争力有着重大意义。

本土化问题从本质上来说，是企业自身对海外经营定位不清而导致的，换句话说，市场国际化与当地市场化之间的关系尚未明晰。国际化是企业进行全球化经营，提升企业管理效率的总的方针，适用于企业运营模式与管理结构层面的调整。而本土化是针对某个特定市场而言的，要根据当地的具体市场情况，制定适合当地市场发展的总的策略，指导企业在当地市场的经营。企业的本地化战略可以从以下层面制定：

（1）管理本土化。管理本土化主要包含两个维度，即员工的本土化和管理模式的本土化。企业的海外经营最初往往是借助本国的管理模式及工作人员进行海外治理，这种模式一般来说能够以较低的成本较快地拓展当地市场。但我们要明白的是，最了解当地市场的永远是当地人，当地人对当地市场的发展因素、发展条件、发展模式等往往有着先天的敏感性，吸纳和培养本土人才进行企业海外业务的自我管理对相关的企业活动往往至关重要。另外，企业借助成熟的国际化管理体系对某个特定市场进行管理，一定程度上来说是有很大风险的。每个地区都有其独特的文化习俗及生活习惯，而共通的国际化管理体系是无法面面俱到的。因此，在进行特定市场的管理时，应把自身管理模式同当地实际情况相结

---

① 郭艳，王世钰. 摩洛哥向投资者敞开怀抱［J］. 中国对外贸易，2016（4）：10-11.

合，提高管理效率。

（2）经营本土化。经营方式通常是根据当地市场的实际需求进行调整的，因此，中国企业在国际化进程当中，应针对不同的市场，调整相应的经营方式与营销手段，随着当地市场的变化而不断创新，把企业自身根本的经营理念与实际操作手段相结合，以保证当地经营活动的市场竞争力。

（3）生产本土化。产品的生产制造在当地进行，一方面能够在很大程度上节约企业的生产成本，提高产品安全性；另一方面，根据当地市场的实际需要，可以开展特色产品的生产，以确保产品的市场竞争力。生产本土化战略是企业提高营业收入、拓展国际业务的重要途径之一。

（4）文化本土化。文化本土化的过程中，必须要以自身内核为中心。同时，可以选取当地适合的文化元素融合于自身产品当中，这往往能够在很大程度上增强当地市场对企业的文化认同性，提高市场竞争能力，促进企业发展。

企业的国际化运作应着眼于管理人才多样化与经营本土化两者的组合。养老产业基于其核心产品的固定不动性，其国际投资的本土化显得更为重要，需吸纳当地管理人才，以当地人为中心，构建运营管理模式，打造特色需求产品，以谋求养老产业海外布局的成功。

目前来看，养老产业的国际投资对于中国企业仍旧是一个新兴领域，有着广阔的市场前景和发展可能性。基于养老产业链的完整性及核心地产行业的特殊性，中国企业在进行养老产业国际投资布局的过程中，应当紧跟国家政策而发展，把企业自身的发展经营同国家战略相结合，寻求合适的投资机会点，进行战略性发展。同时，企业在进行国际化管理过程中，应把国际化经营方式落实到本土化治理策略，求同存异，逐步打造出有影响力、有竞争力的养老国际品牌。

第二章　养老产业国际投资
关键因素分析

第一节　投资动因分析

一、养老产业投资效率

养老产业投资效率的内涵主要包括如下几个方面：其一，这种效率体现在生产层面，通过刺激人们工作的积极性来提高资源利用效率或者增加劳动产出。其二，这种效率体现在资源分配层面，减少人才市场交换的阻力（以减小交换成本或者加速交换流程进而节约时间等方式实现），使社会上的各种人力资源在市场需求的自由调配下达到最有效率的资源配置状态，也就是经过帕累托改进后的纳什均衡状态。其三，这种效率体现在整个社会运行层面。养老保障是社会中每个公民都必须要面临的问题，是一种普遍的社会现象，因此养老产业投资要求其在运行过程中能以提高社会整体的福利水平作为最终目标，应该对整个社会各方面的综合效率有着积极的影响和推动。

综上所述，效率是一种衡量付出活动与最终目标实现之间相关程度的方式。人对做出的一切活动或者一切资源投入的结果都会有预期，在付出一定量的资源投入时，所获得的目标实现程度越高，效率也就越高。或者说，在实现相同程度目标的前提下，高效率要求其所投入的各种形式的资源总量最少。反之则是低效率甚至无效率的表现。

二、养老产业投资动因

下面将从国内养老产业投资效率角度进行养老产业国际投资动因的具体分析。

首先，目前中国已经完全进入老龄化社会发展阶段。尽管近些年国家放开计划生育政策，但是目前社会主要家庭结构已经基本形成，"4-2-1"家庭结构对中国养老保障事业提出了一个巨大的挑战，中国社会即将迎来有史以来最大的人口危机——老龄人口急速增长，人口结构严重失衡。根据《2022年民政事业发展统计公报》以及国家统计局公布的人口数据预测，目前中国人口中，60周岁及以上人口每年的增长速度在0.9%左右，较2019年，正在以近3倍的速度改变现有的人口结构。更雪上加霜的是，老龄人口增长速度不断加快的同时，中国社会正在一步步走向高龄化。科技的发展和更新换代推动现代医疗技术不断前进，人类平均寿命也在逐年增长。中国社会老龄化的特征表现为高龄人口增长速度尤为突出，这将对社会养老保障提出更高的要求。因为80周岁及以上的高龄人群几乎没有经济来源，但对生活以及医疗方面的要求更高，因此生活成本相较而言逐年增长。更有甚者，这些高龄人群中相当一部分人的子女也是老龄人群，因此由其自身家庭提供的保障极其有限，更多的或者几乎全部需要依赖社会提供的福利。如何在人口结构严重失衡之前，提前防范，制定出应对老龄化社会的养老战略是相关部门迫切需要解决的问题。

其次，相较于一些发达国家，中国社会正处于未富先老的尴尬局面。必须认识到，虽然经过多年的经济飞速发展，中国也取得了一些令世界瞩目的成就，但毕竟仍处于发展中国家行列，与西方发达国家相比，存在一定的差距。西方发达国家在进入老龄化社会时基本已经完成经济转型升级，经济已经相当繁荣，人均GDP等经济指标都远远高于中国，因此这些国家的经济增长率已经慢慢下降到一个很低的水平。而中国才刚刚从经济奇迹的发展阶段中走出来，处在经济新常态的初期，社会正在逐步适应一个相对更低的经济增长率，需要经历一个相当漫长的转型升级过程从而走向中产阶级社会，还要摆脱中等收入陷阱。随着经济增速的进一步下降，中国市场目前取得的一些成就面临着比较严峻的考验。①

最后，中国的养老制度与养老保障水平表现出极其明显的地域差异。由于各地经济发展水平参差不齐，各城市间的养老保障水平及社会福利高低不等，因此一些原本在社会福利较优越地区工作的人向社会福利较薄弱的地区流动会受到很大的影响。社会劳动力不能合理流动，在影响区域经济协同发展的同时也滋生了一些社会异化现象。一些人在变换了工作地点之后，可能会选择以更高成本为代价将其养老保险留在原地，表现出非效率的缺陷。各地政府的养老保障机构之间缺乏沟通与合作，导致相关机构在人员设置上会有一定的重复性，这种重复性工作加大了管理成本，是一种资源浪费，也是一种管理非效率的现象。

综合考虑目前老龄人口增长速度过快，其中高龄人口增长动力异常强劲，远远超出目前中国社会承受能力的事实，再加上老龄人口时代出现的时间远远早于经济发展到发达国家水平时代的时间，现行的养老制度在这两大问题面前不堪一击。因此，中国亟须迅速调整经济结构和制定更加完善的养老制度，在现行压力下尽可能提高养老制度的效率，来应对逐渐严重的人口结构失衡问题。

第二节　投资区域价值分析

一、投资区域机会分析

养老产业投资可选择的范围较广，然而对于养老产业的投资是否能够形成有效的回报，仍旧值得商榷。对养老产业的投资机会，我们可以从房地产行业发展自身及养老产业的市场实际需求（外部环境）两方面进行 SWOT 模型分析，从中找寻投资发展机会。一方面，随着中国房地产市场的持续火热，房地产商从中获得了可观的利润，同时形成了自身独特而完善的房产打造体系，在对海外养老产业的投资过程当中，这些企业有着充足的资金支持及相关经验的支撑。另一方面，国家相关部门出台的限购、限贷等政策一定程度上抑制了投机性房屋需求，

---

① 王箫旭，冯波，王淑娟. 老龄化、技术创新与经济增长——基于中国省际面板数据的实证分析 [J]. 华中科技大学学报（社会科学版），2017, 31 (5)：116-126.

传统房地产行业受到了冲击。此外，目前房地产市场已经趋于饱和，同质化竞争异常激烈。地产行业创新转型成为必然趋势。新兴养老产业随之成为投资热点。

而从外部投资环境来看，投资机会主要是从政策、市场（客户）、消费水平三个方面进行考量。从政策来看，目前世界主要发达国家或地区都对养老产业进行了政策上的支持以及财政上的补贴，诸如日本《老人福利法》"关于公益性养老行业发展的资金补助条例"等无不表明目前国际投资热点区域养老产业的发展都是受当地政府支持的，不会形成海外投资的阻挠性因素。从市场来看，就中国而言，根据第七次全国人口普查的统计数据，中国现有人口中的老龄化人口约为2.82亿。预计到2050年左右，这一数字将增加到4亿，市场需求量很大。而海外发达国家的老龄化现象则愈加严重，西方发达国家大多在20世纪70年代左右就步入了老年社会。而随着医疗技术水平的上升、生活质量的提高，人口寿命也不断增加，可以预见，老年人口数量必将不断攀升。然而，养老房地产市场尚未形成完整的体系，发展前景广阔。从消费水平来看，伴随着完善的福利政策及发达的养老保险体系，西方老年客群大多有着足够的经济实力支撑其对养老服务的消费。同时，由于国外较为开放的消费理念以及传统的自身养老（非东方式养儿防老）文化理念，国外发达国家的养老消费水平都可预见性地呈现较高水准。

综上所述，我们不难看出，养老产业作为投资品，无论是从房地产行业发展的必然趋势来看，还是从外部的政策、市场环境来看，都具备很强的可行性，是一个可预见的投资热点。

分析完投资利好因素，我们再来分析国内房地产商境外投资养老产业的不利因素。一般而言，跨境投资，尤其是涉及土地、农产品等的资源型投资，通常会受到当地政府很大的阻力，而如上文所述，养老产业是跨度极大的综合性产业，涵盖了国民经济的三次产业。由此，我们不难判断出，境内房地产企业想对国外养老产业进行全产业链的投资覆盖是难以实现的，政策阻力是首要阻力。其次，由于国内外人群相异的生活习惯、不同的文化传承，对当地市场、产品的把握亦是一大难题。最后，产品歧视、产业保护等都是中国房地产企业投资国外养老产业的现实难题。

通过上述分析不难看出，无论是从房地产行业发展自身（资金、技术、发展趋势），还是从外部环境（政策、市场、消费能力）考虑，养老产业的确可以作为一大热点进行投资参与，但是当进行国际投资时，仍旧需要考虑一定的跨国投资现实问题，只有这样，我们才能有效地投资国外养老产业并获得成长。

二、投资规模分析

众所周知，房地产开发往往需要大额资金，融合了房地产开发的养老产业毫无疑问更是如此。养老产业投资规模，往往需要从当地的政策环境、人口结构以及经济环境三大方面进行考量。

就政策环境而言，需要考虑三个方面：土地供应政策、产业优惠政策和融资政策。首先，最为重要的即当地的土地供应情况，土地开发作为养老产业的核心部分，直接决定了其能否成功运作，而土地供应是土地开发的前提，判断养老产业投资规模，首要考虑的就是购地价格，应当根据成本控制的原则选取适合的地块进行开发。土地面积越大，均价越低。应根据养老产业的产业布局，从当地的土地供应及价格着手，把握自身情况，从而对整体的投资规模进行基础判断。其次，产业优惠政策涉及财政补贴以及相关产业打造的政策优惠两部分。一般来说，养老产业通常受当地政府支持，能够获得一定的政策让利优惠及财政资金补贴，这对相关行业的投资规模也有较大影响。相应地，其投资规模也将增加，反之亦然。最后，融资政策往往能够对养老产业投资规模起决定性作用。前面我们已经有所分析，对养老产业的投资往往规模巨大，因此通常会从不同渠道进行融资以保证资金的稳定供应。一般而言，融资渠道越广、利率水平越低的地区，产业的投资规模也就越大。从以上阐述可以总结出这样一个规律，即投资规模往往和资金数量有关。

市场的容量亦是影响投资规模的重要因素，而这与当地的人口情况及经济环境息息相关。从人口情况判断，由于养老产业主要服务于老年人群，因此当地的人口结构及老年人口数量是我们首要考虑的问题。根据世界卫生组织的定义，当年龄超过60岁的人口数占总人口的10%时，说明当地进入老龄社会。① 这通常是老年护理行业布局的准入标准，当地的潜在性养老市场越广阔，反映到养老产业投资上，规模往往也会越大。从经济环境来说，可以从当地的地区生产总值以及

---

① 或者65岁以上的人口数占总人口比重超过7%。

人均可支配收入两方面进行判断。地区的经济发展状况越好，其生产总值也会越高，人均可支配收入就会相对较多（国际上以人均可支配收入达到 3000 美元作为发展养老产业的准入条件），这能够反映出当地的消费水平，而消费水平越高的地区，产业投资的规模往往也会越大。

综上所述，养老产业投资规模的大小，往往要从布局地区的资金政策以及市场情况两方面综合考量。而中国房地产企业的跨境投资，除考虑这两个因素之外，还应从产品跨区格局、文化认同、产业歧视等跨国企业布局等方面进行研究，给出具有针对性的海外投资策略。根据当前养老产业的发展情况进行分析，保守估计潜在的养老产业市场规模在 5 万亿元以上，而这是基于中国将近 2.8 亿老年人口数量以及养老产业尚未成熟所做出的判断。① 中国企业进行养老产业国际投资布局可进行一定参考。

三、投资环节分析

养老产业投资是一个专业化程度较高，而盈利方式不确定的综合性产业，因此养老产业投资需要严格的考察分析。

一是投资可操作性分析。对于任何产业项目的投资，首要考虑的都是其可操作性，金额庞大的跨境养老产业投资更是如此。而判断养老产业项目是否值得投资，如前文所述，可根据当地政策环境、经济发展程度、人口结构及老年人口比例、市场情况等方面进行综合考虑，若整体情况利好，则表示能够进入当地市场对养老产业进行投资。

二是投资机会点分析。养老产业涵盖了一、二、三产业中的众多产业，因此，想对其进行全盘掌控操作是不现实的，尤其是在境外投资过程当中，不可抗性的政府等因素尤其不会允许这类情况的发生。因此，养老产业全产业链中投资规模较小、回报周期短、收益较高的产业就是养老产业投资的机会点。当然，机会点的选取指标往往会因为具体产业或者不同的投资商而发生改变，但要注意的是，在对可操作性进行整体分析后，投资机会点所涉及的产业同样得经过综合考察才能够纳入投资选择当中。

---

① 陈杰. 直企布局养老产业［J］. 知识经济（中国直销），2018，465（6）：72-75.

三是投资企业调研。在确定了投资产业后，下一步就是对企业的考察。一般来说，任何产业都会存在企业竞争，对相关企业的考察是必不可少的。当然，国际投资的过程也分为两种情况：出资成立相关企业，以及对现有企业进行考察注资或收购。通过对当地整体环境的考察以及相关企业的尽职调查和考察评估，进行综合方案的筛选。完成以上工作后，则到了投资环节的最后一步——投资方案的制定，任何一次投资，都需要在对项目进行考察后生成一份综合投资方案，以满足投资商的需求。投资方案的制定同样得经过完善的市场调查，形成具备科学性、可操作性、可收益性的投资报告。

养老投资往往规模大、风险大，特别是跨境投资，不确定性因素会更大，因此，对养老产业的国际投资应严格按照相关投资环节进行，以减小项目风险系数，确保产业投资成功率，促进中国养老产业的跨国成长。

第三节　投资方式分析

一、养老产业链

（一）养老产业投资的产业结构

养老产业作为老龄化不断加剧背景下的时代产品，不只是为日益增多的老年人提供居所，更重要的是建立一个多功能的产品，能够适合老年人居住和满足老年人的各种社会活动的需要，为老年人的健康提供良好的保护。养老产业涵盖了诸如养老、金融、健康、医疗、商业、公建、旅游等各个产业以及相应的上下游产业链条。[①] 在国民经济行业分类中，除了国际组织及采矿业以外，其余的 18 大类产业养老产业均有所涉及。因此，就"养老产业投资的产业结构"这个课题，我们可以分别从养老产业自身形成的产业链以及养老产业产品的上下游产业链两个维度进行分析。

1. 养老产业自身形成的产业链

养老产业自身形成的产业链包括上游金融支持、中游开发和运营以及下游衍

---

① 于乐，栾淑梅. 辽宁省养老产业开发模式研究［J］. 辽宁行政学院学报，2016（12）：48-51.

生服务。

在上游金融支持方面，基于养老产业投资规模大、恢复期长、流动性弱的特点，一般来说，产品的全部资金来源会涵盖多个方面。目前，在发达国家或地区建立养老产业的过程中，资助者主要包括以下几个方面：

一是政府支持。基于养老产业自身所具备的公益服务性质以及"老年社区"产品形式，各国政府通常会对养老产业的建设提供一定的财政资金支持以及相应的政策优惠。如中国目前的养老产业布局多是基于政府的土地财政支持进行的保障性养老产业；美国综合住房法案有条文规定，"提供预付款作为非营利性组织建设或购买住房的资金补助，若该项目为老年人群提供 40 年以上的居住服务，预付款补助金就不需要返还"；其他高福利发达国家如丹麦、瑞士等的政府支持更是养老产业建设资金的主要来源。

二是寿险支持。对养老产业而言，保险业的支持至关重要。一方面，寿险行业拥有大量长期稳定的寿险资金，能够为养老产业的打造提供庞大的资金；另一方面，固定的保险基金也是老年客户的主要收入来源，为其消费提供支持。此外，保险业在健康管理及医疗服务等养老产业主要服务业态等方面也有着充足的经验及资源，能够为后期的运营及资金管理带来极大的利好性。

三是房地产开发商（REITs 和其他融资渠道）。房地产公司是养老产业的主要参与者，也是项目开发的主要资助者。此外，基于养老产业投资规模大的行业特点，也可以通过 REITs 拓宽投资渠道，借助银行、私募、股权等方式进行项目融资。建立企业特殊项目公司开展股权转让合作也是养老项目的主要融资方式之一。

对于中游开发和运营来说，其主要是根据不同的养老产业项目特点进行出租、出让、自有管理运营，考虑其不涉及相关专业性投资内容，在此不进行详细论述。

下游的衍生服务是根据养老产业所具备的以服务于老年人为主的业态内容打造，主要包括生活配套服务、医疗配套服务以及交通配套服务。其中，生活配套有阅览室、健身房、社区食堂等①；医疗配套是养老产业的主要服务内容，具体

---

① 吴倩，蒲彦妃. 浅谈农村就地集中养老模式［J］. 经营管理者，2017（25）：307.

包括康养医院、诊所、护理、私家看护、协助生活服务等；交通配套指的是养老设施内部动线设计，包括社区内的道路交通、室内室外的轮椅交通以及轮椅公交设备等方便老年人出行的配套服务。上述衍生服务内容能够提供直接、稳定的现金流，因此对于房地产开发商来说，养老产业是投资打造的热点区域。

2. 养老产业产品的上下游产业链

养老产业产品的上下游产业链可以从其上游的生产制造以及下游的开发运营两方面来进行讨论。通常来讲，生产制造产业主要包括房屋建设以及配套产品生产两部分。一方面，大型养老社区的构建需要原材料（建筑材料，包括钢筋、水泥、沙土等，装修材料以及公共区域打造所需要的地砖、园艺植被等）的生产制造以及房屋搭建两条产业线；另一方面，从养老产业的衍生配套服务来讲，可以对其相应业态部分的产品进行制造加工，如超市产品的生产运输、餐厅食品的种植加工、休闲娱乐场所配套的生产制造等。而下游的开发运营则主要包括小区物业管理、配套服务的运营两方面，在此不再赘述。

从以上分析我们不难看出，养老产业的构建不只关系到房地产行业，其更多地把产业链条延伸至了国民经济的方方面面，涵盖三次产业。因而，具体来说，养老产业可以从第一产业的农作物种植到第二产业的农作物加工制造、建筑业、运输业，再到第三产业的养老服务、养老保险、养老金融来进行投资管理。养老产业打造是综合性工程，相关产业也真正涵盖了各大产业结构，保证了投资结构的多样化。

（二）长产业链对区域经济的贡献

养老产业作为服务于老年人的综合性产业，涵盖了农业、交通、建筑、地产、金融、养老、医疗等各大行业，具备广阔而完善的产业链条，而完整的长产业链对于区域经济有着重大贡献。总的来说，长产业链对于区域经济有以下四大益处：

第一，产业结构的完整性。众所周知，长产业链最为明显的特征是其从上至下涵盖产业结构的完整性，它是相关产业经营活动的集合，由此导致的集约经济为区域发展带来巨大的综合效益。由此我们不难发现，长产业链条具备一定的吸纳相关产业的功能，能够升级、完善和优化区域产业结构。

第二，工业成本降低，提升产能和效益。长产业链的生产有着显著的针对性，由海量的工业上下游生产信息和互补价值的增益（上游生产提供的产品或服务为下游厂家提供原材料和服务，下游的经营向上游的生产及时反馈市场信息，提供生产的指向性）。由此不难看出，各产业环节的互通有无能够带来巨大的市场、信息的流动，降低相关的时间及生产成本，提高产品效益。另外，产业链的形成往往伴随着相关产业的集群，由此带来的大规模经济效应能够提高区域经济生产率，提升工业经济的成长动力和发展活力。

第三，完善区域经济模式，提升产品品质。长产业链的生产由于包含了各大产业的相关经济活动，因此能够促进各产业间的经济联系，提升市场的活力，而这恰恰是经济贸易模式创新升级最重要的条件之一。各产业间频繁的交流贸易带来的必定是交易模式的创新，贸易成本的下降可以从根本上建立并且扩大区域主要产业的优势。

第四，打造区域经济品牌，增强行业领导者的吸纳力度。长产业链的生产交易需要相关配套设施的支持，而产业链的发展和完善也能够对区域配套进行反哺，不断完善区域配套服务，为其他产业的吸纳落位提供帮助。完整产业链的良好运行必定能够给区域经济带来巨大的资金及形象效益，利于区域经济品牌的打造，从而形成良好的经济发展循环链。此外，不得不提的是产业龙头对于区域经济发展的重要性。一般来说，在一定的核心领导者的领导下，相应的上下游产业才有机会得到补充和发展，形成连锁效应的完整产业链。核心产业的发展带来的不仅仅是经济收益，更为重要的是，其能够引导相关产业的植入，提高区域经济活力。

养老产业作为涵盖完整产业链条的大型复合性多元化体系，对于区域经济的发展有着重要意义。在养老产业的产业链条当中，支柱性产业是养老社区及相关支持产业，主要包括老年人的衣、食、住、行、医、娱相关产业，以上基本满足了个人的生活需求及精神需求。对以上核心产业的布局，不只是满足养老产业的需求，更重要的是，其能够整体促进区域的生活性产业，同时伴随着不可忽视的社会效益，并预示着长期的经济繁荣。另外，其他产业链条如农业、生产制造业、服务业等涵盖了国民经济的三次产业，在给区域经济带来现实的资金收益的同时，有利于改善经济结构，活跃当地经济氛围，为经济长远发展带来稳定的支撑。

二、养老产业运营模式

随着国家经济的快速发展以及"4-2-1"家庭结构的普遍化，居民的养老逐渐从单一的居家养老转变为多元化地满足老年人物质与精神需求①。中国的养老产业根据财产控股的性质分为销售型养老产业、租售并举型养老产业、租赁运营型养老产业。

（一）销售型养老产业

与居家养老相比，销售型养老产业增加了一些适老化设计，或在社区中增加了嵌入式护理中心。在建立完整的老年社区后，资金将通过出售房产进行"冷藏"，这将减少后续的运营管理问题。中国养老产业的盈利方式仍在探寻中，政策支持有待完善。销售型养老产业不仅可以为房地产开发商提供探索入局养老产业的机会，还可以降低长期投资回报带来的财务风险。

例如，学院风格的绿城乌镇雅园项目将与亚达国际共同开发建设生态养老园区，并加入一些主题，如医疗保健和休闲度假，通过整合资源创建"一站式"医疗保健产业链，将产品带入细分的业务领域。

雅达国际是一家专注于老年人和健康服务行业的投资公司，旗下两大股东分别为和谐基金和红杉资本。雅达国际生态工业园一度被誉为"中国首席综合休闲健康主题公园"，由于拥有强大的股东背景和资金，以及国内外高质量的联合医疗资源，因此可以借鉴国际养老产业的成功经验，开发先进的业务服务理念和创新机制，整合综合资源，形成高级服务，扩展服务链。乌镇雅园在早期阶段采用了销售形式。

（二）租售并举型养老产业

租赁和销售项目的组合通常包括两部分——住宅和老年公寓。作为回收资金和支持物业的支柱，三层楼的老年公寓被嵌入一般社区进行租赁。项目社区配备了完善的退休设施，如护理中心和老年人娱乐设施。如万科幸福高级公寓的投资模式就是租赁和出售。租赁资产是用社区商业设施建造的"活跃的老人院"。万科拥有该物业的所有权，由上海 Affinity Source 经营及管理。出售资产是住宅部

---

① 杨剑坤. 浅谈养生养老产业发展思路［J］. 民营科技，2017（7）：263-265.

门的"活跃的老年人住宅",在市场上作为商品房直接销售。这种投资模式一定程度上降低了资金风险,而且可提供更加灵活、高效的运营管理。

（三）租赁运营型养老产业

租赁运营型养老产业是投资方持有物业产权,并将物业使用权出租,优势在于投资者可以保证项目的管理效果和服务水平,并根据市场反应在长期持股中调整经营策略。通过积累项目声誉和知名度,投资者也可以获得持续稳定的回报。然而,该种类型也存在诸如投资回报率浮动较大以及早期资本投资压力较大等缺点。租赁运营型养老产业存在三种盈利模式,分别为押金制、会员制和保单捆绑制（见表2-1）。

表 2-1　租赁运营型养老产业运作模式

类型	内容	优点	缺点
押金制	每个用户都先需要缴纳费用,作为押金,之后每月支付租金,前面的押金最后退还	保障运营水平和质量,有利于积累口碑	前期能收到的资金少,财务压力大
会员制	在早期支付高额会费,然后根据住房类型每年支付管理费	前期回收大部分资金,经营灵活	资金实力较弱
保单捆绑制	该项目要求入住人必须提前购买保单	前期回收大部分资金	资金回报周期长

资料来源：笔者依调研结果整理。

三、养老产业投资管理流程

（一）资源到资金再到资本的转化

一方面,由于人口政策改变了人口结构,中国老年人口比例上升到了危机的边缘,但另一方面却给养老产业带来了丰富的客户资源。按照国家提倡的"9073"养老模式,养老机构在未来五年需要加速发展,提升数量和质量,接纳10%的养老人群入住。中国人口中60岁以上的已有2.8亿,而截至2022年第一季度,全国养老服务机构床位仅有812.6万张,远远低于老年人口的需求数量。[①]养老机构床位严重短缺,一方面意味着中国养老服务业发展尚处于初期,但另一

---

① 周坚,韦一晨,丁龙华.老年长期护理制度模式的国际比较及其启示[J].社会保障研究,2018,58（3）：93-102.

方面也意味着养老产业有着丰富的市场资源。

老年人口增长的红利带来了养老市场的旺盛需求，大量金融机构的借贷资金进入养老产业链当中，形成了资源到资金的转化。[①] 这些资金最终沉淀，形成了养老产业链中的资本，这一过程就是资金到资本的转化。

资本和资金的本质区别在于，资本是股东权益中的资金。[②] 资金向资本转化是必然趋势，一部分的转化是因为资金是分享固定的债券收益，多余的超额收益进入股权资本中；另一部分的转化是因为资金投入的项目可以资产证券化为股权。[③]

（二）养老产业的资本化之路

养老产业开发前期资金需求量大，后期以租赁为主，资金使用时间极长。目前的房地产企业还不具备长期运营的实力，因为其首要目标是快速回现，缩短投资回收期，以进行下一个项目投资。与此同时，目前中国人口的现状是未富先老，因此，中国养老产业的现状是客户需求大，但是单客净产出效益不高（购买能力不足）。这造成了养老产业物业不容易通过销售实现去化，只能通过长期运营收回成本和利润的情况。因此，养老产业需要能够长期投资，并且有一定规模的银行、保险、信托、基金等资本来接手项目运营，这样既满足了开发商快速回现的诉求，也满足了闲置资金寻求投资收益的诉求，并且实现了项目的长期运营和精细化管理。

1. 养老产业的融资渠道

目前在资本市场上，养老产业项目的融资渠道有 10 种，下面分别进行介绍：

（1）政府的资金支持。由于养老项目属于公益事业，一般是非营利机构或者政府在运营[④]，发达国家养老产业投资有 80% 以上都是政府主导投资的。政府对养老产业的财政支持主要包括土地分配、政策性贷款支持和政府直接投资。

老年产业土地性质属于医卫慈善土地，在土地审批和配套费用方面享受政策优惠。土地使用费的减少本质上可以看作某种变相的财政支持。

① 陈珂. 老龄化人口下的中国养老保险制度 [J]. 经贸实践, 2016 (24): 22-23.
② 唐钧. 细说老年服务机构和床位数 [J]. 中国人力资源社会保障, 2018, 99 (5): 54.
③ 崔家善. 构建"旅游创新+公益养老"融合发展模式的对策 [J]. 学术交流, 2017 (9).
④ 谢恩. 房企发展养老产业的对策分析与阐述 [J]. 知识经济, 2017 (11): 86-88.

在中国日益增加的养老需求和目前养老院床位紧缺的矛盾下，中国政府实施了养老项目专项贷款的政策支持，具体包括贷款额度提升和政策性贷款贴息等。

以上投资属于政府的被动性投资，要真正解决养老床位短缺、养老机构投资回收期长、养老项目投资收益低、社会资本不愿意进入的问题，还需要依靠政府的主动投资。在当前政府财政收入屡创新高的背景下，政府主导养老产业投资成为可能。具体而言，政府可参照国外养老产业投资占 GDP 和占政府财政收入的比例，按照中国新增养老设施的实际需求，制订养老产业的政府直接投资计划。另外，政府直接投资进入养老产业领域有着合理的经济学解释，即具有正外部效应的行业通常有效供给不足，同时也有着政府承担公益责任、树立行业标杆和标准、进行有效的政府监督等多重重要意义。

（2）保险公司投资。发达国家的保险公司投资养老产业项目从 20 世纪 90 年代就已经兴起，ING 和 IOWA 等机构在相关领域的投资理念和投资收益堪称行业经典。在研究了西方的先进经验后，中国保险公司近年来也开始投资养老产业。泰康保险计划用 4 年投入 40 亿元，来进行"泰康之家"的养老产业和相关配套的投资，成为中国保险公司投资养老产业的先驱。中国五大保险公司中的其余四家也陆续开展养老产业项目进行跟进。保险公司投资养老产业具备先天优势，因为保险资金不同于其他投资的短期性（这里的短期指的是十年之内），保险投资通常都是长期的大规模投资。此外，由于保险资金不能投资可售房地产，而养老产业通常是租赁性质的房地产投资，因此养老产业拓宽了保险资金的投资渠道。此外，寿险是保险公司的主营业务之一，投保寿险的客户与养老产业项目的客户有一定的重叠，保险公司相比房地产企业在客户识别与储备方面具有更大的优势，投资养老产业也是对企业寿险业务的一个实体背书，这些因素相叠加，解释了为何近年来保险资金在养老产业领域异常活跃。

（3）房地产企业投资。投资养老产业对于房地产企业来说还是一个比较新的领域，但是对于房地产企业的意义却是重大的。首先，投资养老产业符合国家的政策导向，有益于填补养老床位缺口，因此会在拿地和贷款政策上享受优惠，实现社会责任和企业价值的提升；其次，养老产业有益于拓宽房地产企业投资渠道，为国际投资创造一条多元化的战略路径；最后，养老产业属于新兴产业，目前还处于市场蓝海状态，在未来是一块非常大的"蛋糕"，所以当前对于房地产企业来说，最重要的是占领市场份额。

（4）民营养老机构投资。民营养老机构相比房地产企业参与养老项目的经验更加丰富，其是专业从事社区养老的运营机构，在养老产业后期运营方面有着丰富的管理经验。因此，对于养老产业的投资，民营养老机构既可以出资，也可以出力。

（5）银行投资。受信贷收缩影响，银行对于养老产业的投资正在萎缩。此外，养老产业巨额的资金需求和漫长的投资回收期使其逐渐变为不受银行资金支持的投资项目。

（6）股市融资。股市是重要的融资渠道，但目前中国的房地产企业上市困难，民间融资成本高昂。即便上市，股市融资受市场环境的影响巨大，融得的资本规模也比较小。

（7）营利性基金投资。养老产业另外一个重要的融资渠道是营利性的股权和债券投资基金。由于目前养老产业在管理运营上还不太规范，加之养老产业处于试水阶段，商业投资基金对于养老产业项目还持谨慎态度，当然不乏一些优质的养老产业项目非常受营利性投资基金的青睐。比如，亲和源项目在商业模式、养老模式、管理模式和服务模式方面非常独特，因此获得了挚信资本的投资。

（8）境内外财务投资者投资。由于境外养老产业非常发达，且资金回收周期以及收益率趋于稳定，因此一些追求市场份额、高风险、高回报率的海外资本积极参与到养老项目的建设当中，并且享有合法的投资收益权。[①] 国内养老产业企业非常愿意同境外资本合作，这样既带来了较为先进的管理理念，又对项目起到了良好的宣传作用。由此，境外资本参与中国养老产业项目的案例越来越多。

（9）公益基金会等社会组织投资。按照发达国家的经验，公益性基金等社会投资也是养老产业的重要融资方式之一，许多非营利的养老机构都是由公益性基金直接主导投资运营的。但是由于中国公益基金起步较晚、管理不成熟等，国

---

① 辛连珠，顾玉蕊. 合伙企业合伙人取得投资收益的所得税处理 [J]. 中国税务，2016（5）：48-50.

内公益基金对养老产业项目的投资还比较少。目前，中国福利教育基金会常青基金在养老产业投资中发挥了重要作用，并与山东新业集团、首创置业等几家房企合作开发了养老公寓。

（10）社会福利基金支持。近年来，中国福利彩票的发行规模快速扩张，截至 2022 年，福利彩票的发行总额增长了 91.7%，累计完成 4246.52 亿元，目前已从公益基金中提取 461 亿余元。养老行业在社会福利基金的资助范围内，社会福利基金对养老产业的发展做出了不可磨灭的贡献。

2. 房地产企业进行养老产业开发的投融资模式

房地产企业开发养老产业项目具有投资金额大、回收期长等特点，在早期阶段，可以选择合适的投融资模式，制定科学的投融资战略规划，确保项目建设和运营过程中健康稳定的现金流收入。

（1）房地产开发商单独投资建设养老产业项目，通过出售资产获得收益。这种模式在美国比较常见。在中国，由于用地性质和政策的限制，这种变相销售房子的养老产业项目越来越少。

（2）房地产商投资与住户集资模式。在养老产业项目建成后，住户只需要缴纳少量费用维持后续运营即可。这种操作方式容易产生法律纠纷，且受限于专业度，容易出现质量隐患。

（3）BOT 模式。通常是政府划拨地块或者低价出让地块，交予房地产开发商投资建设[①]；建成后，房地产企业可以获得一定年限的经营权限，向入住客户收取费用以覆盖开发、建设和运营的成本，并且获得一定的收益；经营权限到期后，免费捐赠给政府或以低价转让。

（4）信托融资模式，即房地产企业与信托投资基金合作开发养老产业项目。信托投资基金的特点是长期和低利率，因此适合投资养老产业项目。REITs 的投资特征表现在流动快、风险低和收益稳定等方面，拥有广大的潜在投资者。而房地产企业通过收取住户租金或者月费的形式，恰好能够产生稳定、持续的现金流来支付 REITs 后续的资金成本。很多发达国家的 REITs 市场非常成熟，优质资产通过租金收入冲抵 REITs 的资本成本，而且 REITs 的分红比例高达 90%，股息率

---

① 新平. 税制改革是地方政府债务阳光化的根本保障［J］. 金融博览，2015（3）.

在 6%~10%，同国外的租金收益率大致相当。REITs 的投资者不需要关注资产所有者的或有负债与其他潜在的风险。REITs 不需要上市企业有较高的收益率，只需要进行专业化的运营管理，产生稳定的租金收益即可。REITs 的上市要求也不高，同时一年内能够定向增发多次，非常适合养老产业的融资需求。在相同的投资模式下，如果项目出租比例高、收益稳定、风险小，相应的融资成本就低，通常在 10%左右；如果项目的经营比例高、收益高、风险大，相应的融资成本就比较高，通常在 20%左右。

养老产业是处在政策风口的新兴产业，政策支持和金融服务体系的构建解决了养老产业链的资金融通问题，养老产业的起势恰好说明了从市场资源到活跃资金再到资本沉淀的资本化之路的铺设过程都已经完成，产业的长久健康发展也就指日可待了。

四、小结

随着中国养老产业的概念转变、产业链升级、商业模式转型和投资管理模式升级，同时梳理中国养老产业开发的现状和趋势，并借鉴欧美成熟模式，养老产业可分为出售、租赁和服务、净出租三种模式。2000 年后，中国老龄化的拐点出现，养老问题被整个社会重视，税收优惠、拿地政策、资本鼓励政策和床位补贴政策等相关政策相继出台，房产企业、保险公司和信托公司纷纷涉足养老产业，养老产业已进入资本密集和竞争激烈的繁荣阶段。

养老产业的产业链发展往往通过著名房地产企业标杆项目的试水来确定商业模式的可行性。如中国台湾长庚健康文化村作为养老保健一体化的基准项目，确立了其商业模式的可行性。平安和悦、绿城乌镇雅园、美国佛罗里达太阳城等特色小镇项目将养老产业经营模式继续深化到了健康特色小镇模式。

养老产业的收费模式也参照发达国家模式，在引入的时候做适应性微调和改良。目前比较先进的模式是"入会费+月费+菜单式"收费模式，这一收费模式的优点是：减少了养老机构的客户流动，能够提供长期精细化的服务；减轻了养老产业开发企业的财务负担，可以快速收回一定的资金成本；针对老年人情况的变化，能够提供"一揽子"解决方案。

养老产业的核心价值在于运营阶段，这与追求高杠杆和快周转的房地产开发有本质区别。因此，房地产企业运营养老产业项目存在一定的缺陷和局限。目前有 PPP 和 BOT 等开发模式可以解决这些问题，房地产企业可以通过前期股权和债券的融资启动项目，之后通过资产证券化退出运营，迅速收回项目的成本并获得利润。

第三章 养老产业国际投资区域选择

第一节 养老产业发展理念与收益模式转变

一、养老产业发展理念转变

养老产业的关键就在于横跨第一产业到第三产业，融合各种产业。养老产业的独特性在于医疗保健、康养休闲等配套服务。由于其独特性，开发模式不能照搬房地产行业的开发模式，而应实现从以产品为中心到以人为本的理念转变。

1. 销售与运营不同视角下的建筑产品差异

当前，中国的养老产业还停留在刚刚起步的阶段，难以摆脱传统房地产开发与盈利模式，即规划—建设—销售—再开发的一般流程，这种短期模式会使开发商将重点放在产权的销售上，为了快速回笼资金而制造宣传的噱头。这种背景下的养老产业是以产品为中心，开发商会在短周期内重视销售利润而轻视后期的运营及服务。在以产品为中心的整个开发流程中，侧重点显而易见：前期忽视市场分析和客户需求，项目规划仅限于简单的硬件设施，忽视了养老服务，后期将整体的服务运营承包给服务商，一旦项目的销售完成，开发商就可以利用这期间获得的利润投入下一个项目周期。这种项目只是以养老产业为噱头的"伪养老产业"，完全背离了养老产业的初衷。

养老产业开发的重要问题在于弄清楚项目"卖什么"，重点是养老而不是地产。国外的成功经验告诉我们，重视运营的产品更加具有持久性。国外的养老产业开发商不仅仅开发养老住宅，同时扮演着服务供应商之间的协调者的角色。在这种以运营为重点的视角下，国外养老产业更加重视客户的养老需求。他们的身份不再是传统的开发商，而是侧重于养老服务运营商，按照市场的需求来进行项目的规划，根据整体的服务供给来进行建筑的产品设计。运营视角下养老产业的核心是养老服务，建筑是服务的载体。这种产品不仅仅具有适老化的硬件设计，也具有软性的养老服务，能够根据老年人的需求进行完善的功能服务和设施规划，在为他们提供养老环境的同时，也能够满足其长期居住的需要。

2. 养老服务分级

老年人的身体状况存在着多样性，年龄、疾病、心理、生活习惯等多种因素决定着他们所需要的服务是不同的。国外老龄化现象产生较早，针对这一社会性现象，一些发达国家已经建立了完善的养老服务体系。养老社区能够针对服务对象的特征甚至个体差异满足其特定的需求。

德国的养老机构综合老年人从身体机能到心理素质等各方面状况，将护理级别分为四个等级，对老年人的护理内容因护理级别的不同而有所不同。日本则采取自由选择的形式，通过设置多门类的养老服务，并经由专业机构对老年人自理能力进行评估，将专家建议告知服务对象，最终按照其自由意志挑选相应的服务。

我们可以根据老年人的老化程度将其分为三级（见表3-1）。一级主要指那些身体健康、能够进行自理的老人，这种被称为自理级，为他们提供的服务主要是日常的生活和休闲服务。二级指生活基本能够自理，但由于疾病或习惯需要一定生活上的帮助的老人，这部分被称为介护级，为他们提供的服务主要是日常生活娱乐和简单的生活护理。三级指卧床不起、根本无法照顾自己的老人，这种被称为特护级，为他们提供的服务是医疗照顾和临终关怀。①

---

① 郭红艳，王黎，王志稳，雷洋，谢红. 老年人能力等级划分方式的研究 [J]. 中国护理管理，2013，13（9）：35-38.

表 3-1　老化程度等级

老化程度	自理级	介护级	特护级
活动能力	能够正常行走、活动	需要借助拐杖等辅助工具进行行走	完全不能独立行走
生活能力	可以自理	部分自理	完全不能自理
居住场所	满足生活、娱乐需求的住宅	提供一定护理服务和设施的住宅	提供完全护理的机构
需要服务	休闲娱乐、保健、疾病预防等	餐饮、家政、短期护理、复健等	医疗照顾、临终关怀

资料来源：郭红艳，王黎，王志稳，雷洋，谢红. 老年人能力等级划分方式的研究［J］. 中国护理管理，2013，13（9）：35-38.

3. 家庭结构类型分类

除了根据老年人的老化程度将其自理能力分为不同等级，还可以根据老年人的家庭结构进行分类，制定适合不同家庭的养老产业产品。日本会根据老年人的家庭结构将老年住宅分为独居和两代居：独居即老年人独自居住的住宅，两代居则是两代共同的居住场所。前者完全以适老化的生活服务考虑进行规划；后者则考虑两代人的生活需要，充分考虑厨房、浴室和卧室的功能设计和空间分割，对多代人生活方式和生活规律上的差异在空间上进行了差异化处理。

根据中国传统，居家养老是最符合传统观念的养老方式，即老年人在家中享受晚年，各方面的照护由子女负责。但由于计划生育的实施和老龄化的不断加剧，现在社会上"4-2-1"家庭结构非常普遍，目前中国社会老年人的生活方式一般分为三种类型：单身生活、代际生活和代际邻居。单身生活指独居老人；代际生活意味着老人和孩子一起生活；代际邻居指老年人与子女不合住，但居所相邻。

4. 适老化设计

养老产业的适老化设计不仅仅是硬件层面的规划，也涵盖了养老服务设施的统一规划。总的来说，养老产业的建筑设计需要遵循以下几个基本原则：一是安全性。随着年龄的增长和身体机能的降低，老年人在日常生活中更容易发生意外，因此安全性应该作为第一原则。二是便利性。应做到以老年人为中心，如平缓的楼梯设计、双层楼梯扶手等，从各处细节满足老年人的日常生活需求，提升他们生活的便利性。三是舒适性。由于老年人身体素质降低，需要适当增加休息设施，同时保持室内各功能区的动线最短，将标识放在显著位置，便于识别。四是在遵循上述原则的基础上维护老年人的尊严。老年人虽然在身体、意识上有所不足，但他们作为独立个体也需要受到尊重，不希望被当作特殊群体另眼相待，因此在考虑适老化设计时也要考虑服务对象的心理慰藉需求。这些都是在进行硬件设施设计时应当考虑的原则。

在服务设施方面，不同于老年会所或养老院等机构，养老产业中的养老服务应在针对全体业主的同时，充分满足服务对象对于医疗卫生、康养保健、日常生活、休闲娱乐等方面的需求，整体布局要保持功能分区的合理性，并合理利用地形地势进行布局，力求做到动线分明。在整体的产品设计上，应充分考虑老年人的生活习惯和日常需求，以人为本，从整体规划到景观、设备、智能化风格等方面打造适宜老年人居住的产品。

二、养老产业收益模式转变

北京太申祥和山庄于 1999 年开始对外营业，是中国第一个采用会员制的养老产业项目。中国养老产业收费模式从押金到入会费的转变便是从这个项目开始逐渐普及的。北京太申祥和山庄在传统的养老院运营形式中加入俱乐部形式，是中国首家采用会员制的养老产业项目。

从押金到会员费并不单纯是收费模式的转变，而是老年人的权利丰富、服务模式深化的一个过程，是中国养老产业升级换代的一个过程。会员费所代表的会员权利，涉及医疗护理、康养保健、休闲娱乐、居住生活等一系列与老年人需求联系密切的服务。即便养老院不产生利润，从其他会员服务中获得的利润也足以支撑整个项目的利润。这一类新型养老模式由于拥有众多增值服务，又有着中低价格的养老住宿费用，因此对养老客户的吸引力无疑要比传统的押金模式高出一筹。会员制还可以按照消费增加积分，换取会员折扣和福利，提高用户忠诚度。对于房地产开发企业来说，采用会员费制度还能够在项目前期回收更多的资金，减轻项目的负债压力。

1. 引入会员管理模式

养老产业在初期属于粗放的管理模式，只需要缴纳一定的押金即可入住，入住后即可享受养老院提供的食宿、护理、康健和医疗服务，由于进入门槛低、老年人流动性较大，因此养老院不能对老年人提供有针对性的服务，难以满足日益精细化的养老市场需求，押金+月费的养老产业模式逐步退出市场，取而代之的是会费+押金+月费的养老服务。这种模式最初是从美国引进的，其中有代表性的是持续照料退休社区（CCRC）模式。CCRC 提供全面的养老护理医疗配套，带有专业化运营团队，能够在老年人熟悉的社区环境中持续提供照料养护老年人的服务。

CCRC 模式在 2008 年以后引入中国，是在房地产企业经历市场严冬之后，催生出来的新兴转型业务。① 会员管理模式自从在中国推出以来，受到了市场的追捧，出现了一房难抢的供不应求局面，也强化了房地产企业进入养老产业的信心。

2. 押金到会员费的转变

CCRC 模式在引入中国之初就采用了入会费+月费的收费模式，摒弃了传统养老院的押金收费模式，原因之一是养老产业的土地性质是住宅用地，比起传统养老院的划拨用地，成本高昂造成了从事养老产业的房地产企业的资金压力，因此收取会员费来缓解资金压力成为房地产企业最佳的选择。而且收取入会费逆向筛选了客群的经济实力，出乎意料地起到了稳定客源的良好效果。

CCRC 的收费模式为入会费+月费组合的模式。在美国，当老年人退租时，根据合同返还 50%~90% 的入会费，金额在 20 万~100 万美元不等，月费通常在 3000~6000 美元。入会费相对押金高昂，只有中产以上的家庭才能够承受。在退租时扣除一部分，也能够间接提升老年人的续租率。以上两点避免了老年人无法承担月费导致的退租情况的发生。

入会费用作为房企的一项重要的现金流收入，可以说，现代养老产业已经从租售物业转变为了销售会籍，从月费覆盖成本的模式转换到资本运作覆盖成本的模式。会员费不仅受到进入养老产业房企的拥趸，更受到高净值人群的追捧，因为高额会员费的征收相应地带来了养老服务质量的提升，养老机构从公立到私立的市场化改革也提供了个性化的养老市场。子女更加放心地将老人交给养老机构赡养，同时，好的品牌效应通过消费者的口口相传也广泛地传播开来。

---

① 柏萍. 推进养老服务体系建设的思路与对策——以广东为例 [J]. 城市观察，2014（1）：119-128.

3. 养老产业菜单式收费模式

在 CCRC 模式下，老人根据不同的护理方案缴纳金额不等的入会费用，但是针对伤残、重病甚至失智的老年人，护理照顾的费用差异较大，使用月费的收费模式就不适用。此时，入会费+月费+菜单式的逐次逐项收费模式更加符合市场化运作、个性化定制的养老需求。CCRC 模式一般收取入会费和月费。

入会费在老年人入住的时候缴纳，根据老年人入住的年限，通常返还 50%～90%不等。老年人入住年限与返还比例正相关。入会费主要考虑的因素包括周边的平均房价、市场竞争以及后期开发成本，如管理服务费等。

CCRC 的月费定价方式就能够体现菜单式的收费模式。月费涵盖了老年人的基本护理费用、食宿费用、日常使用的水电杂费等基本开支，根据房间的大小、月费收费模式等差异采取不同的标准收取，一般包括三种方案：

第一种是终身养护方案。收取固定不变的月费，这种方案的特点是月费较高，但是不会随着老年人的身体状况变化而变化。

第二种是改良型养护方案。收取可浮动的月费，这种方案的特点是初始收取的月费不高，但是月费会随着护理项目的增加而按照市场价格一定比例地增加。

第三种是按服务项目收费。这种模式会按项目内容收取月费，在老年人能够自理的情况下月费较低，一旦需要护理和医疗服务，月费就会成倍上涨。

第二节　国际资本养老产业投资区域选择

当前中国老龄化人口急剧增长，养老行业消费规模逐步增加，老年人消费观念逐步改善，消费水平逐步提高，但由于中国老龄化程度与养老产业发展程度并不匹配，养老市场供给存在巨大空缺，国外资本对中国养老市场的投资积极性极高。同时，由于政府鼓励发展居家、社区养老，出台了一系列支持养老产业发展的政策，并提出鼓励境外资本投资国内养老产业，因此外资养老企业大举进入中国，投资国内养老项目。

一、代表性国际资本及其投资项目

根据国际养老机构的来源，可以将其归纳为三类主体：第一类是来自美国的Emeritus、CPM、Fortress 等企业；第二类是来自亚洲的日韩系，以长寿控股、书佑集团、RIEI 等企业为代表；第三类是以 Colisée、欧葆庭为代表的法国系企业（见表 3-2）。

表 3-2　国外资本代表型性主体及投资项目

类别	国外投资主体	投资项目
美国系	Emeritus、CPM	共同创建凯健国际，目前已在上海、北京、宁波、苏州开设 6 家养老服务机构
	Fortress	与复兴集团合作开发上海星堡中环养老社区一期
		星堡浦江养老社区，于 2016 年开业运营
		星堡中环养老社区二期
	ABHOW	与泰康之家开展全方位的国际化培训和咨询合作
日韩系	日本礼爱	与上海协通集团合资开发上海礼爱颐养院
	WISNET	大连市政府合作，采用公办民营的模式，成立大连日托中心
	大阪长寿控股	在青岛设立第一家日式高级老人公寓
	韩国书佑集团	与九如城集团合作开发了宜兴九如城养老综合体，项目内的康复医院与韩国书佑集团旗下的 bobath 康复医院合作运营，引进韩国先进的 bobath 康复疗法及管理理念
法国系	Colisée	2018 年在广州开设首个高端养老国际颐养中心，拥有 132 个床位
	欧葆庭	南京欧葆庭仙林国际颐养中心，床位数 140 个
		长沙北辰欧葆庭国际颐养中心，床位数 385 个
		上海欧葆庭顾村国际颐养中心，床位数 400 个

资料来源：根据互联网国外资本布局中国养老产业资料整理。

目前，中国的养老项目主要集中在四个区域：一是京津冀城市圈，二是长三角城市圈，三是珠三角城市圈，四是川渝城市圈。综合来看，这些项目绝大部分建立在一二线城市，少数建立在旅游城市，而北京和上海两个城市的养老项目和养老资源最为丰富，这主要与目前养老项目的中高端定位有关，其目标是消费水平高、养老观念相对开放、老龄化现象严重、开发空间大的城市。

二、国际资本投资特征研究

从已开业运营的合资或外资养老机构来看，外资投资国内养老行业具有以下四个特征：

1. 面向高端市场

从正在运营的养老机构来看，外资主要瞄准高端市场。上文提到的几家养老机构，如上海凯健国际徐汇苑、浦东苑以及北京店，根据不同的服务项目，收费均在每月 10000~15000 元；星堡养老公寓则是采用月费全包制，除了购房费用，每月还需要缴纳 7000~15000 元的月费；泰康之家的入门费统一是 20 万元，另外还需缴纳独立生活的月费，包括房屋使用费、居家服务费等。高昂的收费标准决定了这些合资或外资养老社区主要面向高端人群。

2. 引入介助介护服务

根据老年人的自我照护能力，可以将其分为自理老人、介助老人和介护老人。介助老人日常的行为需要依靠设施辅助，介护老人则完全需要依赖他人护理，这导致了介助介护市场难度和风险较大，因此国内养老社区由于缺乏相关经验，基本只面向自理老人，在照护市场以医院护理为主，具有介助介护服务能力的养老社区存在一定缺失。但外资机构凭借自身多年经营积累的服务经验，瞄准这两个市场，开辟了术后康复、老年痴呆、中风后遗症护理等服务，充分发挥了外资企业的经验优势。

如凯健国际开辟了照护护理和康复复健两种特色服务，前者面向生活自理能力缺损的老年人，提供健康管理和康复服务，后者面向各类外科手术后需要进行术后康复的失能病患，提供各种类型疾病手术的术后康复服务。另外还有特色记忆照护服务，面向阿尔兹海默症或失智症患者，提供理疗及记忆训练服务，延缓病情发展。

3. 加速连锁扩张步伐

外资对于中国养老市场的看好以及进驻的强烈意愿，体现在其迅速扩张的规模上，而这种扩张，通常采用连锁经营的形式。

日本护理品牌 WIS-NET 早在 2004 年就正式进入中国养老市场，并且于 2011 年与大连政府合作，正式开设第一家日托中心，且考虑将其新业务"护理便利店"引入中国，想要根植于地方店铺，增加其业务范围。

日本礼爱株式会社于 2011 年进入中国，并在北京开设礼爱看护中心，2013 年在上海开设礼爱颐养院，并相继与多地企业达成战略合作，目标是在未来以中国为中心，增设 20 个海外的养老服务中心。

来自美国的 CPM，通过开设子公司——凯健国际，开始了其在中国的养老行业之路，目前在上海开设了三家养老服务机构，在北京开设一家，在常州和宁波各开设一家，未来将以长三角为中心，辐射全国。

4. 与中国企业进行战略合作

除了以直接投资形式进入中国市场以外，越来越多的国际资本选择与中国企业进行合作，从而更好地发挥各自的优势，适应中国市场，参与到日益激烈的中国养老行业市场竞争中来。

美国 Fortress 与复星集团各投资 50% 的股份，以"星堡"作为品牌进行连锁开发，致力于发展中国养老社区项目，目前已经开发的项目有上海星堡中环一期、星堡浦江社区和星堡中环二期。

美国 CPM 与远洋地产组建中外合资企业，用于在中国开发和经营养老地产项目，目前已经落地运营的项目是椿萱茂·凯健，合资公司还计划在远洋地产开发的社区中嵌入类似的养老服务机构。

法国欧葆庭于 2017 年与北京北辰实业集团合作，落户长沙北辰国际健康城，为项目提供国际领先的养老健康技术和管理资源。

第三节　养老产业国际投资区域"三步走"

中国企业的国际投资布局大致分成三个方向：①人口导向，即产业的海外发展随华人的分布而落位；②价值导向，指企业海外投资以利润为导向，主要布局于发达国家或地区；③政府引导，即公司的对外投资布局遵循国家大战略和政策。以上三类中的每一类都有各自的优缺点，应根据不同的行业特点开展相关的投资活动。对于养老产业的国际化投资发展来说，人口导向是绝对不适合养老产业的海外布局的，养老产业的服务对象是老年人，且其海外进程中最为主要的问题依旧是当地政府对土地使用的妨碍。根据华人的分布而落位养老产业，不仅无法保证相关产业的成功落位，而且不利于养老产业的发展，无法形成合理的投资收益，对公司的国际化发展没有明显的帮助。而以价值导向进行养老产业的国家化投资布局，在一定程度上是符合企业国际化经营要求的，但正如上文分析，养老产业作为影响国计民生的支柱性产业之一，大多数政府都对相关土地开发进行严格的掌控，对养老产业进行跨境投资容易遭受巨大阻碍，缺乏一定的保障性。政府引导方向，随着国家外交政策的发展，逐渐对外进行养老产业投资布局最为直接的影响是企业的国际性投资有了国家的支持。随国家政策进行跨境投资，一方面能够获得国家支持，更容易在当地进行项目活动的开展；另一方面易受到当地政府的欢迎，能够相对便利地进入当地市场，促进国际性投资活动的成功。目前，随着"一带一路"倡议的大力开展和逐渐铺陈，中国相继从陆地、海上两方面与亚非欧三大洲的大多数国家构建了跨区域的合作平台，打造了良好的合作关系。养老产业的国际性投资凭借丝绸之路沿线国家政策福利，在沿线国家开展海外项目，打造跨国性企业。① 目前来说，最为广泛的一类合作方式即为中国地产企业利用自身资本、技术等方面的优势，对沿线国家进行援助开发的投资活动，促进区域发展，而相应地，投资企业能够从当地政府获得一定的土地使用权，从而进行相关养老产业的投资建设。② 综合以上分析，我们不难看出，目前随着中国国际地位的不断攀升、国家对外活动的逐渐开展、对外政策的不断完善，国内企业进行国际性投资，尤其是涉及土地方面的养老产业的海外事业的发展，需紧跟国家脚步，随国家政策而行，逐步开展海外事业，拓展养老产业的海外性投资，慢慢成长为有实力的大型跨国性养老企业。

一、经济发达地区

邓宁（Dunning）于 1981 年在国际生产折衷理论基础上又提出了投资发展周

---

① 张娟. 政府在中国企业跨国并购中的作用分析：基于"一带一路"的视角 [J]. 国际贸易，2017（2）：51-54.
② 刘双芹，李敏燕. 基于制度视角研究中国对"一带一路"沿线国家直接投资的影响 [J]. 经济研究导刊，2018，368（18）：90-94.

期理论,① 将国家的国际直接投资总量与国民经济发展水平联系起来进行研究,发现两者密切相关。由投资发展周期理论得出,一个国家的国民经济发展水平越高,其国际直接投资的资金流量规模也将扩大,换言之,该国的国际直接投资资金流量与其经济发展水平呈现较高的正相关关系,经济发展水平越高,国际直接投资越大。②

国际中心城市具有三大特征:雄厚的经济实力、高频国际交易与资源交换、全球影响力。国际中心城市等级评价是综合反映地区经济发展水平的重要指标。中国养老产业国际投资选择的首要目标是经济发达国家的发达城市。一个国家的经济发展水平主要通过 GDP 总量和增长率、全球排名以及人均可支配收入来衡量。GDP 增长率是反映城市经济增长的重要经济指标,通过 IMF 统计的当前美元汇率换算 GDP 总量(详见表 3-3),通过对全球各个国家经济总量的分析,得出全球 GDP 总量 TOP15 即可代表国际经济发达地区,因为这 15 个国家的经济总量超过 60 万亿美元,占全球的 75% 以上,其中人口过亿的国家就有中国、美国、印度、俄罗斯、日本、墨西哥、巴西。

表 3-3　2022 年全球 GDP 总量 TOP 15　　　　　单位:万亿美元

排名	国家	2021 年经济总量	2022 年经济总量	增幅(%)
1	美国	23.315	25.465	9.2
2	中国	17.759	18.100	1.9
3	日本	5.006	4.234	−15.4
4	德国	4.263	4.075	−4.4
5	印度	3.150	3.386	7.5
6	英国	3.123	3.070	−1.7
7	法国	2.957	2.784	−5.9
8	俄罗斯	1.836	2.215	20.6

---

① John H. Dunning, Raineesh Narula. The investment development path revisited: Some emerging issues [C]//John H. Dunning, Rajneesh Narula (eds.). Foreign Direct Investment and Governments. London: Routledge: 1-41.

② 刘宇坤. 中国房地产企业国际化路径研究 [D]. 东南大学, 2017.

排名	国家	2021 年经济总量	2022 年经济总量	增幅（%）
9	加拿大	2.002	2.140	6.9
10	意大利	2.116	2.012	-4.9
11	巴西	1.649	1.924	16.7
12	澳大利亚	1.646	1.702	3.4
13	韩国	1.811	1.665	-8.0
14	墨西哥	1.273	1.414	11.1
15	西班牙	1.428	1.401	-1.9

资料来源：IMF 数据库各国 2021 年及 2022 年经济总量统计数据。

美国是中国企业进行国际投资的首选国家，其中洛杉矶、纽约、旧金山是华人聚集区和投资热点城市。洛杉矶位于美国西海岸；纽约作为美国的经济中心和国际大都市，也是联合国总部所在地；旧金山是华人最熟悉的美国城市，有着良好的民众基础。澳大利亚也是中国企业投资较多的国家，其中悉尼作为其经济、金融和旅游中心，备受瞩目；墨尔本是澳大利亚的首都，也是澳大利亚的第二大城市。中国企业首次海外投资进入的市场还有英国伦敦，其为世界上最大的金融中心，也是欧洲最大的城市。

下面将分别从经济发展和资本市场两个角度阐述经济实力对于发展养老产业的必要性。

1. 经济发达地区对养老产业的支撑作用分析

首先，养老产业需要高消费人群的支撑。养老产业相比其他产业，尤其是传统地产业，在社区配套和运营成本上都有很大的提高。银发市场的独特性和老年人的生理特征，决定了发展养老产业必须综合考虑各种因素，包括城市能级、经济发展水平、人均可支配收入、区域人口和房地产成熟度等，以确定最优的发展区域。

其次，养老产业的发展离不开成熟的医护市场作为保障。养老产业的服务对象是老年人，该群体在起居习惯、生活配套、适老设施等方面都有着特定的要求。这就需要在服务设施配套上有着较大的不同，如加密医疗和服务站点、在周边配备具备老年人病理特征解决能力的医院及硬件基础设施。

最后，养老产业发展需要良好的交通体系做保障。

2. 经济发达地区资本市场对养老产业的保障作用分析

资本市场的成熟发展将为养老产业的融资提供便利和可能。养老产业投资具有规模大、周期长、产业链长与行业综合交叉等特点，在规划、开发、运营、服务等环节具备较高的技术操作要求，而在保险、信托、银行融资、私募与股权等方面又与金融业有着密切的关联，同时在医护市场对专业准入资质有着诸多强制性规范，是一个综合性很强的产业，并且退出成本极高。另外，养老产业又能提供稳定、可持续的现金流以及相对客观的投资收益，再加上银行业、地产业双产业链的交叉结合以及链条上的产权、使用权、债权、股权、管理权、收益权等权益众多，且可以进行清晰界定和分割，能为资本市场提供丰富的金融载体，而其各环节上相对稳定、可预测的收益模式加之风险较低的特点能为资本市场提供丰富的项目来源。养老产业与传统地产业有着千丝万缕的联系，但又不能沿用传统地产开发的出售和商业开发的持有经营的开发模式和盈利模式，只能依赖金融业的高度融合。这样一来，产业金融化就成为其重要属性和内在特征①，这也是养老产业有大量保险资金介入的重要原因，养老产业金融化是未来该产业发展的必然趋势。

二、华人聚集区

Aliber 在 1984 年研究国际银行开拓海外市场的动因时提出了跟随客户假说，该理论认为，银行将会跟随已经开拓到海外市场的优质客户进军国际并继续为其提供服务。银行业的国际化是基于优质客户的保有策略，因此被动跟随客户进行国际投资，在客户业务所在东道国开展相应业务。

所有行业的投资与发展都存在着一定的路径依赖，中国的养老产业国际投资在初期同样会存在这种现象。延续本国的社会与商业发展模式，既有其现实意义，也是适应市场、适应客户的最佳选择。海外华人是中国企业国际化道路上最值得倚重的社会力量之一，不但有完整的网络体系，更有良好的社会风俗传承。

---

① 姜睿，苏舟. 中国养老地产发展模式与策略研究［J］. 现代经济探讨，2012（10）：38-42.

养老产业国际投资也存在着对服务链、运营模式和文化认同的路径依赖。中国企业在进行国际投资时更倾向于将华人移民分布密集的区域作为其首选地区。

近几年，中国海外移民人数稳步提升，目标国家华人移民分布情况如表3-4所示，由于各地的人口普查年度不同，目前能获取的完整数据为2013年数据。

表 3-4　2013 年海外华人移民分布情况

国家	海外华人人口（人）	占当地人人口百分比（%）	占全球海外华人百分比（%）
印度尼西亚	7566200	3.10	19.21
马来西亚	7070500	24.50	17.95
美国	3376031	1	8.57
新加坡	2684936	75.60	6.82
加拿大	1612173	3.69	4.09
韩国	917000	0.20	2.33
俄罗斯	680000	0.50	1.90
澳大利亚	700000	0.03	1.78
英国	400000	1	1.02
法国	300000	0.50	0.90
西班牙	99000	0.22	0.16
德国	71639	0.10	0.10

资料来源：世界人口网各国海外华人人口统计数据。

欧美国家由于自然环境、教育和人文素质等方面的优势对中国移民有很大的吸引力，主要的途径是购房移民。2013年取得美国、加拿大、澳大利亚三国永居权的中国人分别为71798人、34000人、27334人，总数达到13.3万人。马来西亚吉隆坡、新山都是华人喜爱的地区，受欢迎程度可谓不相上下。

中国在美国投资移民市场上堪称主力，在目前美国移民榜上仅次于墨西哥，位居次席。2000~2013年，超过90万的中国大陆居民获得了美国永居权。这势必造成大量中国海外投资企业涌入美国，进入的城市分别为洛杉矶、纽约和旧金山。洛杉矶有7万华人生活，走在路上甚至感觉不到是在国外，纽约、旧金山都是华人聚集度很高的城市。

加拿大也大体如此，温哥华有约40万名中国人生活、工作和学习。韩国济州岛、仁川由于房地产投资移民政策也吸引了大量华人，据韩国法务部出入境管理局发布的统计数据，目前韩国已经有超过 90 万名中国移民。济州岛作为韩国的观光岛，其支柱产业是旅游业和水产业，在这里生活的华人近 5000，是岛上岛外籍人口最多的地区。中国作为澳大利亚最大的移民来源国，2013~2014 年，华人占澳大利亚总计 19 万个永居签证中的 14.4%。《2015 英国移民白皮书：在英中国移民数据分析》中提到，英国的常住人口中大概有 40 万人为华裔居民，约是英国人口总数的 1%。据统计，2013 年中国共有 150 万份欧盟申根区国家签证申请，是欧盟申根区的第三大客源国。西班牙的中国移民申请占该国总申请数的80% 以上。

同理，中国养老产业国际投资选择的目标市场也应具有一定的移民效应，尤其在国际投资的起步阶段首次进入的目标市场，吉隆坡、新山、纽约、旧金山、洛杉矶、济州岛、温哥华、悉尼、墨尔本等都是较为理想的首选地区。

1. 华人聚集区政策环境友好

鉴于养老产业的特殊性，在养老产业的运营、医疗、护理过程中，不可避免地要与东道国政府产生联系，如果母国和东道国政府在制度、审批、监督以及文化背景方面有着较高的相似性，跨国企业的管理人员相对容易理解东道国政府的手续、流程和反馈，有助于其在当地开展活动，从而顺利推进养老产业的发展。相反，差异性很大的政治制度、文化背景甚至意识形态，都会对跨国企业的合法性地位、经营审批产生极大的影响，并阻碍母公司管理权限的下放和转移，进而影响当地企业的正常运转。由此，政治、文化、历史的差异会让跨国企业管理人员缺乏适应性，进而导致跨国企业与东道国政府的要求相背离，进一步加大其在东道国的经营风险和成本，最终导致减少投资，撤回人员。由此可见，东道国与中国的政治、文化、信仰差异越小，越有利于中国海外投资企业的对外投资。

而研究每个国家的政治制度，比较其差异性本身是一项繁杂的工程，同时，由于养老产业是一个横跨多个产业的复合型产业，因此需要考虑的有关政策方面的工作量将会成倍地增加。有长期移民传统，形成华人聚集区的地方，政策环境相对友好。而且研究显示，一般华人占比较大的国家，华人在当地国家、城市中参政更加活跃，政治地位相对较高，更有话语权。

2. 华人聚集区文化融合

中华文明历史悠久，且自古以来就具有很强的包容性、融合性。随着在历史长河中不断地与各种形式的文化进行交流、融合、吸收，中华文明所表现出来的强大生命力与宽容度是世界文化中少有的特质。中华文明极少与其他文明相互排斥，更多表现的是尊重、学习与交流。而中国企业所具备的这些文化特质也更容易为当地社会所接纳。文化的传递有其自身固有的规律，总体而言是认同更多先进与高级的文明。从迁移到被动同化，再到自觉融合，中国企业、华人华侨将中华文明中那些既有着旺盛生命力又被广泛认同的成分加以保存，这也是一种普适价值，并在异国他乡孕育生长，使中华文明之光在世界各地得到弘扬和继承。

华人对于传统文化的传播，使中华文明能有更多的机会与世界各国文化交流、冲突与融合。①

任何国家在海外投资初期都会更加倾向投资于文化差异较小的区域。相似的文化传统有利于母国企业融入东道国的环境、熟悉当地法律、了解当地民情，从而获取合法性和认同感，发挥自身企业优势，降低环境阻碍导致的成本上升与风险管控。中国企业也不例外，东道国华人组织普遍更加认同具有中国文化印记的企业。

三、中国国际投资聚集地区

1984 年，党的十二届三中全会明确提出将对外开放作为中国的基本国策。2000 年，中国提出实施"走出去"战略，鼓励国内有条件的企业"走出去"参与国际经济合作与竞争。党的十八大以来，以习近平同志为核心的党中央统筹国内国际两个大局，高度重视对外投资工作，鼓励企业利用国际国内两个市场、两种资源，发展更高层次的开放型经济。②

截至目前，中国海外投资规模稳居世界前列，对外投资管理体制和政策体系逐渐完善。中国海外投资的快速发展，一方面提高了中资企业的国际竞争力，推动了中国经济的转型与升级；另一方面实现了与世界各国的互利共赢、共同发展。③

截至 2021 年末，中国对外直接投资涵盖了全球 190 多个国家（地区），境内

---

① 胡洁雯，刘芳. 全球化语境中民族文化的道路 [J]. 牡丹江教育学院学报，2005（6）：17-18.

② 国家发展和改革委员会. 中国对外投资报告 [R]. 2017.

③ 中投顾问. 中国对外投资现状及区域和行业分布分析 [R]. 中国投资咨询网，2017-12-19.

投资企业设立的对外投资机构 4.6 万家。各大洲分布上，对亚洲投资最多，高达 1281.0 亿美元，占比 71.6%；其次是拉丁美洲，261.6 亿美元，占比 14.6%；欧洲 108.7 亿美元，占比 6.1%；北美洲 65.8 亿美元，占比 3.7%；非洲 49.9 亿美元，占比 2.8%；大洋洲 21.2 亿美元，占比 1.2%。[①]

中国对外投资涵盖国民经济的 18 个行业大类，对外合作渠道不断拓宽。2013~2021 年，中国对外直接投资流量累计达 1.4 万亿美元，年均增长 8.2%。2021 年，中国对外直接投资流量占当期全球总量的 10.5%，排名世界第二。[②]

1. 投资资源共享

东道国经验属于国际化经验的一部分。[③] 对拥有较多国际经验和实力的大企业，可以利用之前合作者的国际渠道构建东道关系网络，帮助对外投资企业在海外打开局面。[④]

2. 多元化投资的风险分散效应分析

中国的海外地产投资始于 20 世纪初，历经十几载商海沉浮，在投资中不断试错，现已发展得初成体系，取得了一些较为满意的成果。随着投资额度的不断增加，中国企业在全球房地产发展中的地位凸显，已经成为能影响其价格波动的主要国家之一。但是与国内养老产业投资相比，养老产业国际投资市场更加复杂，汇率、市场、政策环境等都具有更大的不确定性。因此，养老产业国际投资要想获得持续收益，在风险防控上要格外慎重。目前，中国养老国际投资的标的物主要集中在写字楼和土地开发两大块，其投资占比高达中国目前总投资额的 70% 以上。在投资市场上，多元化投资分散风险是一个基本常识，过于集中的投资可能会提高投资收益，但也会使整个投资的风险成倍增加，风险和收益总是呈正比趋势，享受更高的超额回报的同时必将承担较大的风险。国际投资由于涉及的标的资金数额巨大，一旦市场环境或者宏观经济稍有波动，中国企业将面临巨大的资金损失。为了分散风险，中国的养老产业国际投资应该进行多元化投资，增加对养老产业其他领域的关注与投资，更多构建投资组合，在保证资金安全的同时能够更有效地分配资源。通过前述分析，本书认为，人口老龄化是一个全球

---

① 商务部，国家统计局，国家外汇管理局. 2021 年度中国对外直接投资统计公报［R］. 2022.

② 国家发展和改革委员会. 深入学习贯彻党的二十大精神　不断开创中国经济合作新局面［R］. 2023.

③④ 张迺聪. 中国企业建立海外研发中心的方式选择［N］. 光明日报，2015-10-07（008）.

问题。西方发达国家养老产业发展较中国更成熟、更先进，因此其风险更低，运营可控，资本回收期会小于国内。中国作为发展中国家和新兴市场，分析养老产业的国际环境与投资策略，并且投资国际市场，在分散目前投资风险的同时，可以积极开拓新的市场，提升投资组合的价值。

第四章　养老产业国际投资方式选择

第一节　投资方式分析

一、中国养老产业国际投资

（一）中国国际投资现状

21 世纪，科学技术的发展为我们的生活带来了极大的便利，缩短了国与国之间的距离，经济全球化与区域经济一体化是当今世界经济中相互促进的两股势力，带动着全球经济的发展。改革开放后，中国的经济实体不断成长，货币购买力随之增强，对外投资年均增长接近 30%，成为对外投资的大国。2022 年，中国对外直接投资达到 1465 亿美元，成为国际第三大投资出口国。截至 2022 年，中国的外商投资存量已经有 1891.3 亿美元，位居世界第八。中国的资本实力越来越强，对外直接投资越来越成为中国企业新的战略选择。

但近几年国际经济处于衰退周期，经济增长缓慢，2008 年全球金融危机后十年来，地区间经济增长速度差异明显，美国、欧洲已经走出了衰退周期，而委内瑞拉、巴西等发展中国家却陷入恶性通胀和中等收入陷阱的泥潭中，因此，中国的国际投资应避免进入经济和社会动荡的国家或地区，以确保海外投资的安全。

2022 年，中国对外直接投资净额达到 1465 亿美元，同比增长了 0.9%，整体来看，处于第二高位。从全球来看，中国对外投资净额占比已经连续两年超过全球对外投资净额的一成，位居世界第三，仅次于美国和日本。

从涉外金融角度看，目前中国涉外金融机构的活动范围主要集中在进出口信贷、担保和保险。借助相关金融性融资活动，对于国际投资，尤其是投资规模大、回收期较长的养老产业国际投资显得更为重要。从企业微观层面来看，中国企业要想实施国际性经营，进行国际投资性活动，必须形成一套立足于国际化视角、科学、完善的跨国经营战略和管控体系，增强其在国际上的竞争力。而要实现竞争力的升级，一方面要培养具有全球经营能力的人才，包括管理、科技、金融、法律等人才，培育全球战略思想和现代管理理念；另一方面，在国际业务中，企业必须通过国际投资活动发挥、保持并进一步扩大其比较优势，从而实现企业的国际投资布局，提升其国际影响力与地位。而从对外投资战略来看，与跨国企业紧密合作，从而提升自身的国际竞争力亦是企业的选择之一。

在当前时代背景之下，面对养老需求的多元化发展，中国众多的地产企业积极开发海外地产项目，当然这一举动并不是为了开拓国外市场，相反，它针对的是目前中国移民市场的激烈竞争局面，并努力依靠养老市场的高端消费需求。另外一种养老投资是国内资本购买国外资产，寻求高于国内并且稳定的现金收益。但是国际投资毕竟是有风险的，中国企业投资国际养老产业项目还需十分谨慎。目前来看，养老产业的国际投资仍旧较少，且容易受到当地政府、市场等方面的排斥。因此，中国企业在对外进行养老产业投资的过程中，一方面要借助国家实力，降低相关非商业性风险；另一方面要不断提升自身国际竞争实力，逐步进行养老产业的海外投资布局。

（二）中国养老产业国际投资历程

虽然从 20 世纪 80 年代开始，国内的研究机构就开始对"未富先老"等问题进行了分析研究，但直到现在，中国的养老市场还并不成熟。为了促进中国养老产业的发展，在 2010 年前后，中国部分企业开始了养老产业国际化发展的探索，通过与西方发达国家的养老产业企业合作，借鉴其先进的理念与模式，探寻适合中国的发展路径。

近几年，中国养老产业经历了爆发式的发展，但整体来看，仍处于发展初期，养老产业国际投资也处于初级阶段，只有部分保险企业、房地产企业开始了国际投资的探索，整体还处于吸收国外优质资产、学习借鉴其发展经验的阶段，对于自身养老模式的输出虽存在，但整体依托于海外房地产开发，与养老产业关联较弱，基本处于空白。

（三）中国养老产业国际投资现状

经济全球化是现在全球经济发展的一个基本特征，具有十分明显的意义。世界范围内交易市场的产生，让国家拥有了更大的成长空间，可以突破单个国家市场规模和资源禀赋的限制，在全球范围内进行资源配置，带来比单一市场更高的经营效益，同时，也使各国的产业、企业置身全球市场，竞争加剧。各国为了在新一轮的竞争中率先确立自身的领导地位，争相在高技术、高附加值的新兴产业方面进行投资。①

经济全球化已经成为全世界都在关注的问题，跨国企业的发展也对经济全球化产生了重要影响，在对中国产业发展造成国际竞争压力的同时，也有着极大的促进作用，拓宽了中国养老产业的发展空间，同时，国际合作也为中国带来了资本、技术上的支持，为中国养老产业的发展创造了良好的机会。

目前，中国国内的养老产业已经经历了探索阶段，在逐步朝规范化方向迈进，经济全球化可以拓宽企业的国际视野，推动养老产业对内对外双向开放，共同促进。国内养老企业通过对西方发达国家先进的养老服务体系进行研究，以及对发展中国家养老市场需求进行研究，可以不断深化自身养老服务体系，利用国际上的成功经验完善自身养老服务，提升国内养老产业的效益和影响力。

由于养老产业属于复合行业，没有明确的统计数据，因此，根据统计局公布的2021年中国对外直接投资分行业统计数据（见图4-1），与养老产业密切相关的房地产业以及卫生、社会保障和社会福利业均呈现下降趋势。这与海外投资的风险密切相关，因此中国企业投资海外养老产业项目也更加谨慎。

为了更好地进行国际投资，对养老产业的投资模式进行研究十分必要，但是对于两种投资主体——房地产企业以及金融行业，投资的方式和目的各不相同，本节将对两种投资方式分别进行阐释：

首先，中国房地产企业对外投资养老产业项目。其一，养老产业同房地产业一样，产品具有不可移动的特性。因此，养老产业的国际化显然不可能像制造业产品一样，选择进出口贸易的方式。为了满足国内人群到国外养老的消费细分需求，中国养老产业的唯一选择便是对外投资。

---

① 曹剑飞. 经济全球化与中国产业优化升级［D］. 中央财经大学，2016.

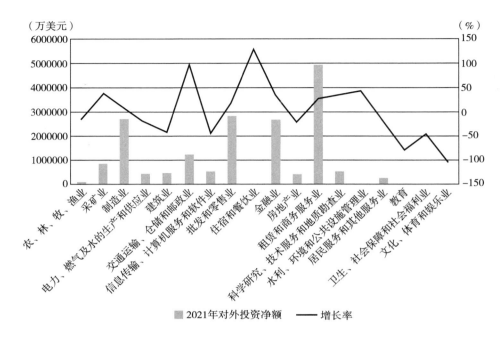

（万美元）   （%）

图 4-1　2021 年中国对外直接投资分行业统计

资料来源：国家统计局 2021 年中国对外直接投资分行业统计数据。

其二，随着中国近年来的经济增长趋缓，一些国内市场萎缩的产业在积极谋求对外投资，从低廉劳动力、市场广阔等角度考虑进行投资布局。但养老产业同其他资产进行国际投资的动机不同，养老产业国际投资并非为了靠近市场或避险，而是为了满足个性化、多样化的市场消费需求。

其三，随着经济全球化的浪潮的推进，面对中国"一带一路"倡议的政策鼓励，国内企业都在努力实现资源配置的全球化，在全球经常账户交易量继续扩大的同时，资本之间的交流非常频繁。中国养老产业也抓住政策和市场机遇，逐步开启国际投资的进程，使养老产业链得以在全球范围内实现资源配置的优化与重组。

其次，中国资本投资国外资产。目前中国资本投资国外养老产业的原因有三个：

（1）对外投资总额在不断扩张，增速也在不断加快。出现这一现象的原因是，养老产业在国内本身就属于新兴行业，养老产业对外投资更是近几年才出现的事情。本书以信泰资产在美国的投资项目为例，美国同中国一样也面临着严峻的老龄化的挑战，只是出现这一现象的原因不同。参考中美两国人口增长率曲线，如图4-2所示，美国的老龄化是"二战"之后1946~1964年的婴儿潮造成的，而中国的老龄化是近40年的计划生育造成的。美国养老市场也存在巨大的供应缺口，因此国内资本考虑投资美国养老产业。

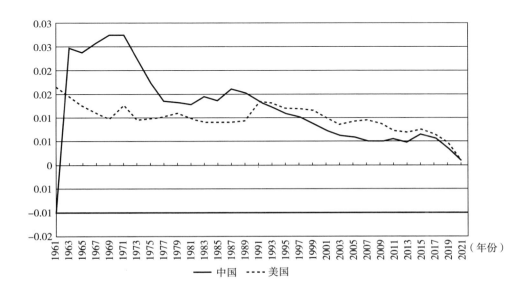

图4-2　中美1961~2021年人口增长率对比

资料来源：经济合作与发展组织（OECD）人口增长率年度数据。

（2）国外养老产业的投资回报率高于国内。面对同样急剧增长的市场规模，为什么国内资本迂回投资美国？最基本的考量是投资回报率问题。国外的养老产业具备非常完善的养老产业生态，由于国外养老具有高福利、高报销的特性，养老机构的大量收入是政府来支付的，而且国外的养老产业是从"二战"后的伤残照料开始的，比中国早发展了70多年，不仅居民的养老消费观念先进，养老相关的业态也十分完善，比如商业养老保险和房产倒按揭等金融服务使美国养老的单客净值成倍高于国内。这导致外国投资养老产业的回报率明显优于国内。美国养老产业的投资回报率高于中国还有另外一个原因，就是美国养老投资的流动性高。美国的五大REITs中，有两家是做养老健康的，美国REITs规模大，且管理专业、具有相关资质和牌照，使 REITs 的流动性大大高于国内，因此在养老产业的低点，人们可以买入资产，获得资产增值的红利；在养老产业的高点，人们可以抛售从而降低风险损失。因此，流动性也代表着预期收益的附加。

（3）国外养老产业的前景看好。养老产业在美国是房地产和医疗的叠加，两个行业各占 GDP 的 20%，且发展势头良好，充分市场化，并不存在过大的价格畸形导致的资源错配，因此整体发展迅速且健康。

然而，中国养老产业企业在全球化的进程中也面临着方方面面的困扰：

（1）养老产业企业的经营能力不足，而养老产业的核心却是长期经营能力，因此，目前中国养老产业走出国门困难重重。要解决这些问题，先得研究、借鉴国外的运营方式。购买养老公寓交给国外运营公司打理成为养老产业国际投资的主要路径和模式。

（2）对外投资的金融服务体系不完善，国内养老产业的融资渠道较为单一，供给尤为不足，亟须深化和扩展离岸金融、信用担保等服务。根据中国国际贸易促进委员会的数据，中国近 2/3 的外国直接投资不到 500 万美元。其中，44%的企业使用自有资金进行外商投资，27%的企业使用银行贷款进行外商投资。为了方便进行海外投资，一些企业只能在香港设立 SPV 公司。

（3）企业国际投资目前还没有清晰的顶层设计，投资决策往往具有盲目性。从当前市场来看，成功的跨国企业大多具有一个共性，即其往往具有完善而稳定的全球化布局，针对全球市场实施国际化战略安排。而目前中国大多数对外投资企业尚未形成清晰的全球性发展战略，无法以全球化视角开展海外活动。从企业的长期布局和战略角度来看，具有完善全球化布局的海外投资更容易获益，而草率的海外投资决定则会使企业承受沉重的债务负担，但无法优化业务结构。当前中国部分企业仅将境外投资作为短期活动看待，目的不过是处置旧设备，获得一定的投资补贴，设立境外交流接待站或取得相应的优惠政策。基于以上分析，我们不难看出，目前中国养老企业的国际投资需要从自身出发，制定相应的投资策略，尤其是投资规模较大的地产行业更应如此。

（4）中国的跨国企业缺乏具有海外管理经验的专业化人才。企业进行国际投资需要有大量成熟的管理、科技、金融、财会、法律等人才。从这方面进行考虑，中国企业海外投资人员的整体素质仍有一定差距。目前，有些对外投资的企业管理者常常会有短视行为，导致企业缺乏具备跨国管理素质和能力的人才。而显而易见的是，海外工作人员素质和能力的缺失会导致企业海外投资经营活动难以顺利开展，从而遏制了中国企业对外的投资发展。国内养老产业相关研究仍旧不足，对于海外投资布局更需要专业性人才的补充以促进其发展。

（5）中国企业的对外投资风险仍然缺乏稳定有效的预防机制和措施。企业的对外投资往往会受到当地政府、企业、市场的排斥，除了特定商业风险之外，在当地政府政策、文化传承、生活习惯、产品歧视等方面也存在着一定的难题。目前，中国企业的对外投资，尤其是在一些制度尚未完善的发展中国家的投资往往容易受到东道国非商业风险的阻碍而导致损失。到目前为止，中国还没有建立全面的法律和监管体系来监测海外投资的政治风险等非商业风险，这对国内企业对外投资构成了威胁。养老产业投资，作为涉及国计民生的大宗资本投资，在此方面更是深受其害。完善相关制度是企业进行养老产业国际投资的重要保障。

虽然中国养老产业企业在对外投资的过程中遇到了诸多问题，但是通过不懈的努力，最终会战胜这些困难。此外，中国经济的总体趋势是越来越开放，只有不断地对外投资，才能继续深化这一趋势。需要鼓励一些符合国家战略的投资，融资渠道的多样化也有利于外国投资。[①]

从世界人口老龄化进程来看，老龄化是世界各国共同面对的问题。2022年，全球65岁以上人口占全球人口比例为10%，且增速不断加快。[②] 虽然现阶段和中国深入合作的一些发展中国家还没有出现人口老龄化的现象，但考虑到未来20年后的情况，这些国家将会与中国类似，出现劳动人口占比减少的问题。各国政府将难以承担巨大的老年人口数量带来的养老负担。此时，中国总结出的养老事业和养老产业共同发展、政府托底和市场化同步的发展方式，可以为这些国家提供借鉴。

经济全球化、各国间经济交流的加深，为中国养老产业国际投资带来了极大的机遇。从养老模式国际输出来看，中国养老产业市场化已经走在全球前列。泰康的医养结合保险模式和万科的"机构＋社区＋居家"地产模式属于目前中国比

① 郝昭成. 国际税收迎来新时代［J］. 国际税收，2015（6）：11-15.
② 张孔娟，朱昭武. "一带一路"带来养老产业机遇［N］. 中国经济时报，2017-06-08.

较成熟的市场化运营模式，在这一模式下，两家企业也都培养出了一批运营管理人才，这为中国养老模式走向世界带来了极大的便利。但挑战也随之到来。由于各国发展历程的差异，其他发展中国家在社会、文化、政策及投融资环境方面与中国有着很大的不同，在这种差异下，单纯的模式输出面临着极大的风险。

二、中国养老产业国际投资特点

在涉及养老产业的主要角色中，保险公司（主要是人寿保险公司）具有天然优势，包括长期低成本资本优势、资本优势和大量的客户优势。此外，国务院和原中国保监会发布《关于加快发展现代保险服务业的若干意见》，制定了一系列优惠政策和措施，从战略方向到投资细节，鼓励保险公司进入养老产业。但是与意见中的大量需求和美好前景相反，截至 2016 年底，涉足养老产业的国内保险公司仅有泰康人寿保险等寥寥几家，其余大多数仍处在测试和观望阶段，主要原因是养老产业面临以下挑战：

（1）利润薄、见效慢。与一般项目投资不同，保险公司很难参与养老产业，以实现快速的资金流动。养老产业的发展有巨大的资金消耗，但是更高的支出不会立即带来回报，资金回收期被拉长到 10~20 年。即便不考虑资金回流速度，持股模式本身的回报率也远远不能与出售房屋相比，后者对资金数量和保险公司资金的持续时间有着苛刻的要求。

截至 2022 年 10 月，龙头企业泰康之家已累计投资 788 亿元进入养老产业。由于养老产业的投资体量大，许多其他公司一直处于观望状态。此外，依靠万能险获得资金的公司由于债务持续时间短、资本成本高而无法参与。

（2）后续运营成本高。养老产业涉及投资、开发和经营三个阶段。在经营阶段，除了医疗需求（对应医院服务），老年人更有可能因慢性病而有长期的看护需求（相当于康复服务）。开发长期看护服务的难度来自两方面：一方面，不完善的社会保障增加了看护服务的成本；另一方面，养老产业需要大量的医护人才，但市场上缺乏专业的护理人才。该如何培训？人工成本的增加如何应对？这些都是不小的挑战。虽然被称为房地产项目，但老年房地产的服务业特征远远超过房地产的特征。

（3）传统观念下，市场需求尚未完全释放。养老产业在中国是新生事物，养老消费观念和老年护理的概念尚未形成。保险机构也是第一次涉足该领域，并没有现成的发展模式可以借鉴。此外，20世纪50年代的出生潮掩盖了部分老年人的实际养老需求，因为家庭养老在一定程度上代替了机构养老。由于子女出生率的下降，老龄人口增多以及养老床位不足等问题慢慢凸显出来。对于大多数专门的养老产业开发公司来说，更有风险和压力的是长达30年的回收周期和巨额资本利息。养老产业与其说是地产项目，其实本质上更接近商业运营。所以养老企业最重要的竞争力是专业服务运营能力。由于国内养老产业的融资方式较少，企业资金链的压力也很大。分析人士认为，目前国内的养老房地产，无论哪种模式都需要长期投资，现金流已成为最大的需求，但更难的是中国没有明确的盈利模式。

（4）摸着石头过河，行业初期没有一定之规。学者们对一些涉及养老产业的机构进行了研究，发现很难将养老产业的商业模式从一定的固定维度中划分出来。一些组织将养老产业看作保险产品在服务领域的差异化产品，并通过为保险客户带来高质量的老年护理服务来支持保险业，完成保险业务对顾客整个生命流程的覆盖，深度开发顾客潜力。有些机构对于养老产业的租赁率并不关心，在它们眼中，养老地产属于长期投资。养老产业本身就是一种高质量的投资资产。另外，在第二代监管的大环境之下，投资性房地产风险因素比较低，对于偿债水平压力较小。还有一些组织发挥国有企业的作用，以当地政府为导向，从政企合作的角度来实现企业的协调发展。

商业目的的差异导致了商业模式的差异，进而导致现有养老产业的投资主体在客户渠道、土地征用方式、开发设计、产品定价和后续运营方面的差异显而易见。归根结底，由于目前国内养老消费需求尚未显现，养老产业长期以来一直无法构造一个适当的模式，短期内很难盈利形成正现金流。但是在未来5～10年内，养老产业将很有可能进入显现期。被计划生育影响的一代人只有一个无法满足老年人需求的子女，社会将面临巨大的养老供给缺口。在这种情况下，保险机构可以牺牲一些当前的利润来抢占养老市场。从商业模式的角度来看，无论是从经营中启动一个好的老年品牌，还是从投资中考虑形成优质资产都是一个可行的思路。在该产业的早期阶段没有明确的规定出台，从地域分布来看，可能会出现分散和区域化运作的情况。

三、国际资本投资模式分析

前面我们对西方典型国家的养老产业投资经验进行了分析，并对其特征进行了研究。根据国际资本投资经验，本节将对其投资模式进行进一步分析。由于美国较早进入老龄化社会，涉足养老产业的时间也较早，不考虑美国与中国的市场背景差异，其投资模式的演进值得国内养老企业学习和借鉴。

早期美国养老产业投资模式以销售型养老住宅即重资产模式为主，由于行业发展处于初级阶段，资本密集型的地产开发商及保险资本较早进入养老产业，难以摆脱传统地产思维，因此以重资产销售为主。但随着行业发展逐步成熟、融资模式逐步成熟、市场逐步稳定后，持有型即轻资产模式逐步增多。由于美国土地成本较为合理，开发项目的土地成本通常占总开发成本的 10%~30%，因此美国成熟的养老产业运营模式可以为投资方带来较为可观的投资收益。这种能够与项目风险匹配的收益，加上持有型物业具有的抗经济危机优势，许多大型投资机构逐渐将投资方向转向持有型模式，使持有型成为美国养老产业投资的主要方向。

第二节　投资案例研究

一、中国主要养老产业企业分类

社会老龄化趋势使中国呈现出"银发经济"现象，促使不同的保险企业和房地产企业开始在养老产业上布局，通过跨境合作和资源共享，创新养老产业经营模式，促进养老产业蓬勃发展。对于养老产业的投资实体，房地产企业为第一大参与主体，它的属性包括产业产权、极强的财务支持、独到的开发和运营模式以及客户资源。中国目前的养老产业投资企业主要分成三大不同主体，分别为政府投资型养老产业企业、资本运作型养老产业企业、房企改造型养老产业企业。

（一）政府投资型养老产业企业

在国家深化改革的条件下，中国经济不断增长，土地流转制度和房产税制逐步完善；虽然土地出让金最终会转交给中央，但土地及相关产业的租金、税费和手续费收入将逐渐变成地方财政收入的主要渠道。在财政上，政府通常扮演着"经理人"的角色，以最大限度地提升土地经营的效益。由于新养老项目涉及新土地，就要求该计划必须符合相关规划及各项要求。应优先考虑符合土地使用计划的项目，从而进一步保障地方政府的利益。

医疗资源是养老产业的战略资源。目前很多公立医院已经对养老保健领域进行了测试，私立医院也逐渐跟进。医疗对于养老产业核心竞争力的加成作用是不可替代的，引进医院的级别和专科水平决定了养老项目的吸引力。但医院单独进入养老领域，在设计、环境营造和硬件开发能力上与实力强大的开发商还是存在差距的，因此医院资源与其他资源合作会产生较大的商业效应。多家机构合作设立的健康产业联盟，将医院的医疗资源与老年公寓的服务资源打通，定点开发的医养护一体窗口，成为养老机构往医院输送病人的一个快捷通道，这也即将成为医院打造养老产品的主要动力来源。

（二）资本运作型养老产业企业

当前市场除了政府非营利组织的养老产业，以及地产投资型的养老产业，还存在多方主体的资本运作型养老产业。政府型养老产业一般具有公益性的社会效应，社会捐赠和社会支持成为其稳定经营的重要支柱。中国老龄化日趋严重，市场需求扩大，而供给远远得不到满足，因此需要发展新的养老模式，也必须探索新的金融途径。通过吸收社会合作方参与，企业为养老产业的运营提供了足够的财务保障。然而，从投资的角度来看，养老机构基本上是一种投资回报率低、资产回收期超过 10 年的资产。但是，运营商主动或被动地希望在短时间内收回投资，这不可避免地违背了老年机构的运作规律，发展不利理所当然。事实上，泰康人寿和合众人寿近年来对自建养老机构的大规模投资，充分体现了保险公司引领机构养老未来的迹象。其他保险公司也在迅速跟进，并计划在长沙建立一个整合医疗的护理社区。目前，中国逐步形成了新的资本运作模式，初步建立了具有品牌和经营管理优势的老年护理机构链，依托美国和日本的 REITs 获得大量低成本和长期资金，这样就可以迅速扩张。

美国有 300 多家 REITs 在公开交易，并且已有 30 多个国家支持相关交易。REITs 投资主要持有股权并在财务上显示稳定的现金流，如办公楼、商业房地产、工业房地产和老年社区。它也以股票的形式在二级市场上交易（一些 REITs 也以债券、信托计划等形式发行）。各类投资机构和个人均可参与交易，同时根据相关法律法规，90% 的利润作为股息分配给股东，为股东带来稳定的投资收益。

（三）房企改造型养老产业企业

作为一个进入深度老龄化阶段的发展中国家，中国的养老产业远未达到供需平衡的理想状态。近年来，对养老业的需求飙升，房地产业已经转变为下行周期，中国经济告别了高速发展阶段。这些动态变化迫使养老产业逐步向市场化发展。凭借其巨大的发展空间，养老产业吸引了大量资金。其中，有许多如绿园、万科等房地产大鳄，在过去的一两年里，加速了它们的产业布局和项目落地，每家企业都发挥了新的作用。

严格来说养老产业的经营具有一定的特色。目前，主要养老公司的后期运作还没有相对成熟的模式。国内养老院目前正在出现高空置率和低土地回报率的现象，因此养老产业不像商业房地产那样受欢迎。养老产业投资者必须建立自己的经营管理团队，并在成本估算中，自然地将投资和经营一起计算。这就限制了养老产业公司的投资和盈利模式。

轻重资产的区分，对养老产业的结构性治理产生较为明显的作用。重资产是指以购买土地、建造等方式形成固定资产沉淀，然后获得稳定的现金流及未来资产的增值收益，此种情况所产生的回报率较低，资金回收期也需要 30 年左右。①轻资产是指通过获取物业的使用权，即租房、运营来服务好具有养老需求的客户。轻资产的投资和利润逻辑是向有养老需求的客户租赁房屋或床位。轻资产运营的资金压力小，通过收取会员押金与月服务费用就可以覆盖营业成本和房屋租金，因此只要保证服务质量，就可以保证收获稳定收益。

轻重资产之间的差异主要表现为不同的收益方式。一种是专门从事养老经营的公司普遍获得利用成熟房产的权利，通过改造实施运营业务，可以快速投资、重建和营业。也有一些保险机构采用这种方法来更快地增加老年业务的布局。但租赁现有物业的模式也有不足之处，最主要的一点就是被租赁的建筑在适老化设

---

① 文建军. 养老产业的投资与盈利逻辑分析 [J]. 中国房地产（市场版），2016（7）.

计方面可能存在本身建筑属性的硬伤，需要更换的区域很大，导致装修成本增加。轻资产是一种更容易、风险更低的收益方式。另一种，如果投资主体是养老产业重资产投资者，在建造老年公寓时，一般会有附加合同规定需引入符合资质的轻资产投资者，前者将资产出租给后者。运营机构不仅可以给开发商提供稳定的现金流，更有可能通过入股等形式参与整个项目的投资，与开发者共同投资，共担风险。由于目前中国的养老产业还处于比较初级的阶段，一般进入养老产业的大多数投资者必须扮演两个角色。因此，投资者和开发商必须明确界定投资的形式、功能和布局以及内部轻资产和重资产的开发和运营，区分两个部门的投资目标、预期成本和收入，并分别建立自己的财务成本，必要时可以设置不同的实体，以便在资产处置的后期灵活安排，老年地产的投资和利润逻辑大致分为以上两部分。

中国庞大的养老市场吸引国内企业纷纷布局，但目前尚未出现一套有效、成体系的盈利模式，且由于中外国情的差异，照搬照抄国外的做法也不可取。因此，许多企业将目光转向国外养老企业，意图通过收（并）购获取其先进管理模式及发展经验，迅速在国内激烈的养老市场竞争中占领一席之地。

现在众多企业纷纷布局养老产业，并将目光投向海外并购重组这一捷径，企图利用海外发展较为成熟的养老企业的经验开启自身养老产业领域，快速占领市场，得到规模扩张。这些企业可以按照上述分类进行划分。在这一领域进行国际直接投资的企业类型主要是资本运作型养老产业企业和房企改造型养老产业企业。

二、资本运作型养老产业企业案例

资本运作型养老产业企业中，以复星集团和合众人寿为代表。复星集团主要以保险收购为主，在 2014 年，它以 10 亿欧元，约 83 亿元人民币的价格收购了葡萄牙最大的保险公司 CSS 旗下三家全资子公司 80%的股权，包括一家医疗保险公司 Multicare。另外，复星集团还与美国保德信金融集团达成战略合作协议，未来将在养老服务方面开展更加深入的合作。复星对养老行业的重视加上其在国内强劲的盈利能力，都预示着它未来将进一步深入养老产业，开展养老服务、医疗、保险等综合性服务。

除了复星之外，合众人寿也是一个代表案例。中发集团戴皓 2005 年成立合众人寿，开始了由地产到保险行业的跨界之路，在国内各大险企纷纷将资金投向不动产行业时，他率先将目光投向养老地产，利用保险资金投资建设了国内第一家养老社区。2015 年，合众人寿联合美国信托 Summit Healthcare REIT 公司收购了美国六处养老社区，总投资额超过 4000 万美元，其中合众人寿投资额为 1053 万美元。2016 年，合众人寿又联合信泰资本与美国一家信托基金以 9.3 亿美元的价格揽下美国养老社区资产包，其中包括了 39 家养老社区，平均入住率达 80% 以上，目前运营良好，属于较为成熟的社区。至此，合众人寿对美国养老产业的投资已超过 2 亿美元。由于美国养老行业起步较早、收益稳定，合众人寿将养老产业作为企业未来的发展战略，对美国养老社区的收购之举，一方面是寻求优质资产，另一方面也是因为通过其养老社区进一步了解美国养老行业的发展历程，吸取合适的经验，借鉴适宜的模式，以更好地发展国内养老社区项目。

三、房企改造型养老产业企业案例

房产企业改造型养老产业企业中以三胞集团和远洋集团最为典型。三胞集团早在 2013 年就开始涉足养老行业，初期主要以收购国内优秀的养老服务企业为主，并收购了国内最大的养老服务型企业安康通，作为其布局国内养老行业的主体。2014 年，三胞集团以其子公司广州金鹏的名义收购了以色列最大的养老服务公司 Natali，据相关人士称，此次收购金额将近 1 亿美元。Natali 成立于 1991 年，是以色列一家提供远程医疗以及呼叫、安全援助等服务的企业，服务了超过 1 万家机构、20 万个家庭、300 万名用户，在以色列当地市场占有率超过 60%，收购前三年该公司每年净利润平均高达 1000 万美元。三胞集团收购 Natali 后，将安康通作为其在中国唯一的战略合作伙伴，利用 Natali 先进的居家养老和远程医疗服务，为安康通的居家养老运营提供增值服务，增强其竞争力。另外，借助 Natali，三胞集团还在境外收购了以色列的 A. S Nursing and Welfare Ltd.。这是一家专业护理公司，可以为国内的养老服务提供标准化护理模式和服务内容的参考，并利用其培训体系、标准和经验对国内的护理人员进行专业培训。另外，三胞集团闪电收购 Natali 还有一个原因，即通过 Natali 开辟中国之外的东南亚甚至更广阔的养老产业市场。目前，三胞集团依托安康通、Natali 和 A. S. Nursing and

Welfare Ltd.，在养老板块实现了轻重资产合营的模式，积极推动其在养老产业的布局。

远洋集团自 2012 年开始涉足养老产业，目前已发展形成多条产品线、五大核心城市群、数十个城市的战略布局。为了进一步对外扩展壮大，打造国际领先的养老产业链，远洋收购了 MeriStar 旗下的养老运营公司 Meridian Senior Living（LLC）40% 的股权，并与 MeriStar 签署战略合作协议，在美国成立合资投资平台。远洋这次收购的主要目的在于将美国先进的养老机构连锁经营方式、运营能力和管理经验引入国内，增强远洋在国内养老行业的竞争力。

第三节　投资方式确定

一、养老产业发展阶段分析

由若干个具有同类属性特征的企业所构成的所有经济活动的有机集合称为产业。正是由于产业的这一特性，相关产业领域专家认为其与生命体的概念类似，借鉴生物学中的生命周期理论，提出产业发展如同有机生物体一样，会类似地经历导入、成长、成熟、衰退四个阶段（见图 4-3）。

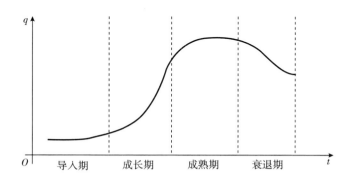

图 4-3　产业生命周期理论图示

资料来源：笔者根据产业生命周期理论整理。

在产业生命周期的研究过程中，众多专家学者结合实证研究方案，在揭示产业发展属性的同时，归纳提炼出产业从出生到衰亡的过程中的阶段性特征，这些研究成果不仅丰富了经济学理论，而且为相关产业的运行提供了支撑。产业生命周期理论将行业的发展分为导入期、成长期、成熟期和衰退期四个阶段。在导入期，行业产品尚未成熟，整理利润率较低，但有着很大的市场增长空间。由于初期行业的竞争、客户等方面均存在不确定性，因此整体风险较高，但进入壁垒较低。在成长期，行业开始迅速发展，行业特点逐步定型，部分企业已经在发展中具备了一定的竞争优势，行业进入壁垒提高。在成熟期，行业特点、市场竞争、客户特点等方面已非常明确，行业的进入壁垒很高，规模效益和成本管控是企业的核心竞争优势。在衰退期，企业的市场增长率会逐步下降，面临着替代产品的威胁，整个行业有着衰退的压力。

（一）中国养老产业发展阶段

从中国的养老产业发展现状来看，现阶段国内企业投资养老产业项目还没有形成规模，整体呈现小而分散的局面。即使政府推出各项积极政策来扶持养老产业发展，但不可否认的事实是，中国养老产业仍处于探索阶段。从消费者角度来讲，其对养老产业的认知不足，没有成熟的消费观念，但随着人口老龄化的加剧，这方面的消费需求又在不断增加，这种矛盾造成市场上的产品定位不准确，难以满足老年人的需求。从开发商角度来讲，由于行业整体处于起步阶段，在这方面经验积累较少，而中国的文化、经济发展与国外有很大不同，难以直接借鉴国外成熟的开发运营模式，而且现阶段养老产业开发商以房企为主，这导致它们不能立刻摆脱传统房地产项目的开发逻辑，所以会出现重视产品销售而忽视运营服务的"伪养老产业"项目。因此，部分养老产业项目出现了入住率低、后期服务难以实施、盈利困难等问题。这些状况都表明中国的养老产业依然处于产业发展导入期，产品不成熟、运营不规范，行业稳定性差、利润低，但任何产业都是在前期的探索和试错中成长起来的，处在初期阶段也意味着有更大的成长空间。

（二）西方发达国家养老产业发展阶段

西方发达国家较早面临全社会的老龄化危机，因此养老产业起步也早于中国。经过长期的发展，目前它们的养老产业已经进入成熟期，在产品结构、分类等方面已经形成了完善的体系，不同国家根据自身特点也形成了适合自身不同特点的发展模式。美国的养老产业从 20 世纪 60 年代开始，现在已经形成了体系化的产业结构和完整的开发、建设、融资、运营体系，行业特点是开发规模大、运作市场化、专业程度高、市场细分清晰。

这一阶段的消费者已经有了成熟的消费观念，具有非常明确的需求，各个企业也已经形成了成熟的开发运营模式，市场上存在激烈的竞争，企业为了维持自己的市场占有率，将提升服务质量、严格控制成本。从理论上讲，在进入成熟期后，各行业将受到替代品的冲击逐步步入衰退期，但由于养老属于刚性需求，养老产业产品具有特殊性。同时，随着世界范围内老龄化的加剧，养老产业将逐渐成为康养产业中的重要组成部分，而康养产业在西方整体发展良好，充分证明了其需求量大且具备一定的抗经济周期性。

（三）养老产业国际发展阶段对比

如图 4-4 所示，中国养老产业在尚处于发展初期的时候，西方发达国家已经处于了成熟期，两者之间存在着很大的产业差距。虽然在全球化趋势下，后发国家可以借鉴发达国家成功的发展经验，降低发展中的风险，缩短发展周期，但中西养老观念的差异导致直接借鉴西方经验难以落实，必须结合国内消费者的养老需求，所以国内企业仍在艰难探索。

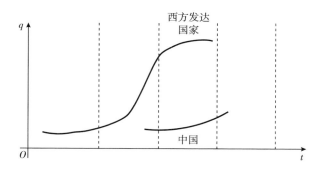

图 4-4 中外养老产业发展阶段对比

资料来源：笔者根据产业生命周期理论结合中美产业发展现状整理。

但这并不意味着我们能够顺利度过这一起步阶段迈入快速发展阶段。由于中国人口基数大，老龄化问题在逐渐加剧，养老产业需求迅速增加，外资养老企业瞄准了中国市场，开始寻求在中国的发展。由于它们已经具备了成熟的管理模式、专业的规划设计、系统的服务培训，因此在适应中国消费者需求后将会快速占领中国养老产业市场，这对国内养老企业构成了巨大的威胁，所以我们应该加快自己的脚步，缩小与国外养老产业之间的差距，提升国内养老企业的竞争力。

二、养老产业国际投资各阶段方式选择

鉴于中国养老产业的现状与问题，我们有必要建立一条适应自身国情与特点的发展之路。我们将养老产业的国际直接投资路径分为四个阶段来讨论，从导入期到成长前期、成长后期直至成熟期。每一期的投资目的各不相同，重点各有侧重，需要完成的历史使命也有着巨大差异。下面我们逐个分析：

（一）导入期——重资产模式

建议中国在养老产业国际化投资的过程中，首先进入全球经济发达地区，在地域选择上，我们需要选择核心国家的重点城市，如洛杉矶、纽约、旧金山、悉尼、伦敦等。关于这一问题，前述已做较详尽的描述。在这类地区，直接重资产投资首选优质项目。对于优质项目的评判标准而言，主要考察以下指标：一是地段是否位于成熟地段或是城市发展方向上。二是项目规模是否具备一定的可发展空间。对于国际直接投资而言，项目太小没有影响力，不适合作为战略投资项目操作。三是是否具备完整的操盘团队，这一点是最为关键的。由于中国企业在这一领域的运营管理经验尚显不足，因此是否有完整的从开发到运营的管理团队，将决定该项目是否具备投资的意义。

通过与当地管理团队的合作，可以提高我们在这一领域的管理水平和项目运营能力，进而为我们建立完整的养老产业链条以提高中国在这一领域的竞争力而提供基础。在这一阶段，我们的主要目的是"走出去"，以重资产投资的方式学习先进的管理经验和运营策略。提高自己是这一阶段的根本任务，并且要具备一定的国际现代管理经验和手段，为下一阶段自主独立操盘积累经验。

（二）成长前期——重资产模式为主、经资产模式为辅

以国际直接投资为依托，在积累了一定的国际现代化管理思维和手段之后，我们将以稳健的投资策略，进行第二阶段的国际直接投资。在这一阶段，在重资

产投资的同时，要着眼于轻资产运营布局，积累轻资产管理经验。

考虑到国人的消费观、价值观、投资观是中国企业比较容易把握的因素，因此建议投资沿着华人的足迹，对华人聚居区进行重点布局与开发。将华人作为基础消费群体，有利我们在产品设计阶段把握客户特征，开发设计出满足客户需求的产品。这可以在前期产品阶段降低一定风险。

在成长前期，我们必须紧紧依靠华人市场，选准重点国家和地区，在项目选择上，重点关注中高端养老市场，以确保项目的可持续性。目前，国内养老产业开发机构已经在市场化高端养老项目上积累了部分经验，这些经验可以拿到国际市场进行进一步的实战检验，看能否经得起国际市场的考验。

在这一阶段，我们要探索建立有着中国特色的国际养老产业管理经验和管理模式，快速占领华人国际养老市场份额，提升中国在这一领域的国际影响力，为下一阶段中国在这一领域建立有影响的领导力打下基础。

（三）成长后期——轻资产模式为主、重资产模式为辅

通过在华人聚居区快速占领市场的养老项目开发，已经完成了初步的项目经验积累，业已形成一定的管理团队和管理模式，因此在本阶段，我们主要是以轻资产模式开展扩张之路，辅以重资产手段。

中国养老产业机构需要将成功经验复制到核心国家的门户城市，在全球重点区域建立有影响力的、能代表中国企业经营实力的养老项目，快速扩大中国企业在这一领域的市场占有率，迅速建立相应的品牌影响力。另外，大量培养具备国际视野的高端管理人才，将养老产业做成与国际酒店相当的系列投资与品牌项目，成为这一新兴市场的主力军，同时在资产管理、资产运营和客户满意度方面大幅提升。

（四）成熟期——轻资产模式

在这一阶段，中国企业在这一领域已形成相当的影响力，有能力进行重资产、轻资产以及轻重资产相结合的多元化投资。由于轻资产模式有着快速扩张的先天优势，因此这一阶段要形成有全球领导力的市场扩张战略，必然以轻资产为主要模式，但不排除在优质项目上的重资产投入。

本阶段的中国企业有能力在这一领域建立起有全球战略影响力的品牌规模，形成多个产品系列对应不同层级、不同发展阶段的市场需求，在管理路径、管理

模式、运营策略上有着成熟的企业文化特征，不易复制。产品的系列化、差异化和成本的集约化，产业链条的完整化，都必然带来超额利润的产生。

与此同时，由于管理上以中国企业的思维模式为主，因此必然带来文化的复制与意识形态的输出。让世界了解中国、接受中国企业、理解中国文化，也为中国在全球范围内建立符合东方人思维方式的普世价值观贡献力量。随着中国企业国际化程度的不断加深，中国员工参与国际直接投资的程度不断加深，中国经济体在国外市场的活跃程度不断加强，也为人民币成为全球储备货币增加了筹码。

第五章 养老产业国际投资逆向技术外溢效应

第一节 国际投资效应分析

根据之前的分析，开展养老产业国际直接投资不只对东道国的产业有明显的推动作用，对于母国的养老产业也有着非常重要的作用。但是由于养老产业的产业链长，影响一国养老产业的因素一般种类非常多，甚至会出现养老产业国际直接投资引起了某种中间变量的变化，进而对母国的产业发展产生了带动作用。这种影响方式是隐性的，不是直接表现出来的。分析前人的理论与实证研究，可以从积极效应和消极效应两个方面进行展开。

一、积极效应

（一）资本积累效应

解释国际资本流动的动机及效应的模型最早由麦克杜嘉尔提出，这一模型被称为国际资本流动的一般模型，也被称为麦克杜嘉尔模型（见图 5-1）。该模型认为，资本的自由流动带来了全球资本的重新配置，而国际资本流动会使各国资本的边际产出率更为接近，因此世界整体的总产出和各国的福利都会得到提升。

该模型假设世界上有两个国家：一个国家资本储备富裕，用字母表示为国家 A；另一个国家资本短缺，用字母表示为国家 B。横轴 OO′ 表示世界的资本总和，其中 A 国的资本储备为 OC，B 国的资本储备为 O′C。两国的产品和要素都是完全竞争市场，两国间资本可以自由流动，国际直接投资带来的收益可以在两国之间公平分配。两国的投资都符合边际收益递减规律，图中 AA′ 表示 A 国的资本边际产出曲线，BB′ 表示 B 国的资本边际产出曲线。

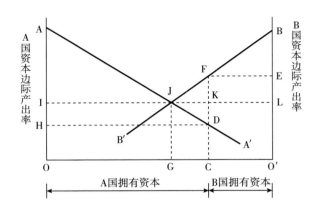

图 5-1　国际资本流动的一般模型

资料来源：笔者根据国际资本流动理论结合养老产业整理。

边际收益递减规律说明了，当其他要素投入不变时，投入越多资本要素，每单位投入的产出就越低，即资本的边际产出率递减。在完全竞争下，资本回报率等于资本的边际产出率。

我们从封闭经济和开放经济两种情况出发进行分析，通过对比两种情况下资本利益分配的不同，得出国际资本流动对于两国的养老产业发展具有推动作用。

首先，在封闭经济条件下，两国不从事国际直接投资，资本不能在两国之间自由流动。所以在这种情况下，A 国将其拥有的全部资本 OC 投入国内养老产业的生产，此时 A 国的资本边际产出率处于 D 点，国内总产出是 OCDA，其中资本投入产生的收入为 OCDH，其他要素投入产生的收益为 ADH。B 国也是如此，将全部资本 O′C 投入国内养老产业生产，此时 B 国的资本边际产出率处于 F 点，国内总产出是 O′CFB，其中资本投入产生的收入为 O′CFE，其他要素投入产生的收益为 BEF。从图中可以看出，在封闭经济的条件下，两国之间不发生资本流动，此时两国的资本边际产出率不相等，A 国的资本边际产出率 CD 明显要比 B 国的资本边际产出率 CF 低，这也反映了两国之间养老产业发展水平的差距。

其次，当放开两国之间的资本流动，即资本可以在国际自由流动时，因为 B

国的资本边际产出率比 A 国高，A 国的养老产业相关的企业为了寻求更高的资本收益，会对 B 国的养老产业链的某些环节进行国际直接投资，此时资本由资本充裕的国家流向资本短缺的国家，直到两国之间的资本边际产出率达到平衡，即处于 J 点。此时 B 国由于资本流入，国内其他要素得到了充分的使用，国内养老产业的总产出由 O′CFB 扩大到 O′GJB。从资本收益角度看，CGJK 为 A 国进行国际直接投资产生，因此该部分为 B 国支付 A 国投资的报酬，但是由于资本流入带来的其他要素收益的增加，即三角形 JKF 则是 B 国实际获得的净收益。另外，A 国由于资本流出，总产出减少了 CGJD，但是由于资本输出获取了投资报酬 CGJK，所以实际上 A 国的收益反而增加了 DKJ。综合分析两国的收益，可以看出，资本的国际流动给两国的养老产业都带来了新的增长，因此开放经济比封闭经济条件下，产业总产出增加了 DJF。①

通过分析国际资本流动的一般模型可以看出，国家间的资本流动会给双方的养老产业带来重要影响，国际直接投资作为其中的一种重要形式，能够推动参与投资的两国的养老产业发展。一方面，母国资本输出可以获得与国内相比更多的资本收益；另一方面，东道国由于资本流入，带动了本国自然资源、劳动力等生产要素的充分利用。但是这一模型默认资本是从资本充裕国流向资本短缺国，然而事实上发展中国家的国际直接投资不仅仅面向更不发达国家，主要还是面向发达国家。因此，根据这一模型，理论上发展中国家对外投资对于国内养老产业发展的负效应大于发达国家。结合邓宁的投资发展周期理论，可知发展中国家要想获得更多的国际直接投资对产业总资本积累的正效应，就必须增强自身经济实力，积累经验，创造自身的竞争优势。②

（二）资源配置效应

从宏观视角来讲，随着人口老龄化的趋势越发严重，一国的养老产业发展很容易受到国内自然资源储备的制约，资源短缺的国家尤其如此。这种自然资源寻求型的国际直接投资不仅仅是指发达国家，还包括一些资源储备丰富的发展中国家，因为发展中国家养老产业发展迅速，而且一般老龄人口基数大，所以对于资源的需求会更大。如果仅仅是通过国际贸易实现国内短缺资源的获取，需要大量

---

① 蒋志芬，李银珠．国际金融概论［M］．北京：中国金融出版社，2002.
② 李莎．中国对美国直接投资逆向技术溢出效应的影响因素分析［D］．山东大学，2013.

外汇储备，也极易受到国际要素市场价格波动等因素的影响。但是通过国际直接投资，母国可以在东道国建立自己的资源基地，利用东道国丰富的资源缓解国内资源的短缺，进行战略性资源储备，有助于母国产业的可持续发展。

从微观角度来讲，养老产业相关环节的跨国公司为了获得内部化优势进行国际直接投资，这种跨多个国家和地区的大型机构会在发展中形成有效的资源优化配置系统。企业内部进行国际分工可以实现专业化生产，同时世界范围内的经营活动可以使跨国公司获得丰富的技术和管理方面的经验，并且增强风险防范的能力。一般来讲，养老产业相关环节的跨国公司进行国际直接投资在母国资源配置方面的影响主要表现在以下三方面：首先，国际直接投资不仅仅表现为资本流动，还表现在资源的跨国流动，资源流动可以使母国利用国际分工来实现国内资源的优化配置，从而提升整体的效率。其次，国际直接投资可以使母国实现对东道国资源的获取，即寻求资源型的国际直接投资，这不仅仅是指发达国家，发展中国家也可以在国际直接投资中获取东道国相较母国价格更加低廉、产量更加丰裕的自然资源。最后，国际直接投资可以提高跨国公司的资金利用率，跨国公司进行国际直接投资可以通过国际上的金融机构进行资金筹措。

因此，国际直接投资的资源配置效应主要体现在：国际直接投资不仅仅是上面提到的国家间资金的自由流动，除资金之外还包括各种有形、无形的资源的国际流动，这种流动能够促使国际分工将这些资源进行优化配置，从而促进母国养老产业相关环节生产效率的提升，进而带动养老产业的发展。

（三）技术效应

一般而言，新技术的产生大多集中在发达国家，同时发达国家为了保证自己的技术优势，对于这部分先进技术的输出始终保持严格的管制，发展中国家吸引外资在本国投资建厂，所获得的也只是发达国家中较为落后的生产技术。然而，技术本土化理论和技术创新产业升级理论都分析认为发展中国家可以获得国外先进技术，实现技术积累，促进本国技术进步。不仅经典的发展中国家理论指出了这一点，之后许多国内学者也通过理论分析或实证检验证实：没有技术优势的公司，会出于寻求技术的考虑进行国际直接投资。因此，国际直接投资成为发展中国家获取发达国家先进技术，促进本国技术水平提升的重要方式。图5-2简单描述了国际直接投资促进母国技术进步的路径。

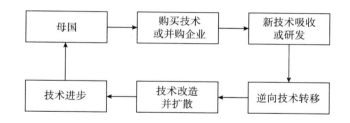

图 5-2　国际直接投资促进母国技术进步的路径

资料来源：笔者根据国际投资理论结合养老产业国际投资现状整理。

简单分析国际直接投资促进母国技术进步的路径，发现直接获取技术的方式主要有两种：一种是直接向先进国家购买技术，进行内部消化吸收，但这种方法由于发达国家的技术壁垒和限制非常困难；另一种是通过企业并购，直接获得发达国家先进企业的技术，这种方式较前一种更为可行，但对企业的国际发展经验有很高的要求，同时要求公司管理经验丰富，能够有效留住研发部门的人才，让他们继续发挥作用。

本书主要研究国际直接投资对本国技术的影响，以及本国技术进步如何对产业发展产生作用。前人的研究主要集中于国际直接投资对东道国的影响，如能够推动东道国的技术进步等，后期学者在不断深入研究中发现了双向外溢效应，即国际直接投资中的资本流入国会对本国企业产生反向技术外溢，促进本国生产率的提高。一方面，国际直接投资可以扩大母国的市场范围，为本国企业带来更多的机会，促进企业技术进步，同时也带来了更加激烈的市场竞争，促使企业为了增强自身竞争力提升技术水平。另一方面，发达国家属于知识资源密集区域，发展中国家面向发达国家投资，可以通过一系列影响机制实现本国的技术进步，这些机制将在下一节进行详细的阐述。

二、消极效应

在国际直接投资对母国影响的研究中，就业效应一直是众多学者关注的重点。最初是 Jasay 等的研究表明，在本国资本有限的条件下，国际直接投资将对本国的投资和消费产生一定的替代效应。这个作用会对本国的就业产生一些影响。之后其他学者对这一理论进行了补充研究，研究成果主要分为两种观点，即就业替代效应和就业创造效应。替代效应是指国际直接投资会对国内的投资、消费产生替代作用，国际直接投资的出现会减少国内的资本供给，这会导致母国经营规模缩减，造成就业岗位缩减，即国际直接投资对国内就业产生了负效应。[①]创造效应是指当国际直接投资是防御性投资时，即跨国公司为了避免损失或为了维护自己的竞争地位而采取的国际直接投资，国际直接投资将对国内投资和消费进行补充。这样国际直接投资会增加国外对于母国中间品的需求，增加母国的就业岗位，对国内就业产生正效应。[②]

但是一般来讲，国际直接投资带来的资本积累效应会促进国内养老产业的发展，而产业发展是一个增加国内就业机会，调整国内就业结构的过程。因此，养老产业国际直接投资对于本国就业的影响机制也非常值得进一步研究。

（一）母国就业总量影响效应

关于养老产业国际直接投资对于本国就业总量的影响，可以从三个方面进行分析，分别是国际贸易、国内投资、国际收支。

从国际贸易的角度来看，养老产业国际直接投资通过影响母国的进出口贸易来间接影响本国就业总量。在国际直接投资过程中，国内生产要素的海外转移会在一定程度上对中间品出口产生促进作用，这种贸易创造使中间品出口相关的产业得到了机遇，能够增加国内养老产业对于劳动力的需求，拉动全国就业总量。[③]

从国内投资的角度来看，国际直接投资通过外溢效应影响国内投资，进而影响本国的就业。国际直接投资会增加对生产性资本的需求，这能够使企业规模扩大，还可以使企业在国外市场获得发展所需的重要资源，扩大了母国对于劳动力的需求。另外，国际直接投资促进国内某行业投资的发展，这种影响不仅仅局限于这一个行业，而是会通过产业链影响与其相关的所有产业，给各产业带来就业机会。

从国际收支的角度来看，国际收支对一国就业产生影响这一点在众多研究中已经明确，国际直接投资会使资本在国家之间流动，由母国流向东道国，跨国公司可以直接在国外进行生产和销售，这样导致了本国出口的减少，进而对本国外

---

① 李京晓. 中国企业对外直接投资的母国宏观经济效应研究 [D]. 南开大学，2013.

② 钞鹏. 对外直接投资对母国的就业效应及其传导机制 [J]. 广西社会科学，2011（3）：58-61.

③ 李京晓. 中国企业对外直接投资的母国宏观经济效应研究 [D]. 南开大学，2013.

汇产生影响。① 从这个角度分析，出口减少，国际收支中资本项目流出，经常项目进口增加，这对于国际收支是不利的，这种不利反映在国家生产中会导致国家的进口能力下降，国内部分企业会由于进口减少失去发展所需的先进要素、技术等，对就业产生负面的影响。②

（二）母国就业结构影响效应

国际直接投资对母国就业的影响不仅仅反映在劳动力需求上，也反映在就业质量上，主要表现在三个方面，分别是产业结构、人力资本、技术创新。

产业结构角度，国际直接投资会促进国际资源的优化配置，形成更加明确的国际专业化分工，母国的养老产业由于进一步发展的需要，需要吸纳高素质人才，同时国际直接投资也会促使落后产业的转移和淘汰，在损失这一部分就业机会的同时，新兴产业的发展会为母国带来更多的优质就业机会，这也加速了母国就业结构的调整。

人力资本角度，国际直接投资需要直接面对经济全球化下的国际竞争，这要求母国提供大量的专业技术人才，提升自身的人力资本水平，以跟上跨国企业的发展步伐。人力资本水平提升也就意味着劳动力水平的提升，实现了对国内就业结构的改善。

技术创新角度，多种发展中国家国际直接投资理论都提出，国际直接投资可以促进母国的技术进步和创新。新技术的应用会促进劳动生产率提升，产生技术替代作用，对就业产生负效应。③ 但从另一个角度考虑，劳动生产率的提高可以使企业更加注重技术的创新，因此对于高素质研发人员的需求会增加，另外，新技术需要的劳动力素质也在原来的基础上进行了提升，促使企业对员工进行培训，从整体上提升了母国的劳动力素质。

---

① 刘会政. 中国对外直接投资的母国经济效应研究——兼论中国对外直接投资促进体系的建立 [D]. 对外经济贸易大学，2007.

② 刘志伟，高利，陈刚. 中国的对外直接投资对其国际收支影响的实证研究 [J]. 国际贸易问题，2006（12）：83-87.

③ 韩孟孟，袁广达，张三峰. 技术创新与企业就业效应——基于微观企业调查数据的实证分析 [J]. 人口与经济，2016（6）：114-124.

第二节　逆向技术外溢效应微观机制

传统的经典理论在分析国际直接投资的推动因素时，一般都是基于垄断优势理论，通过之前的研究我们已经能够得出这样的结论：无论是以西方国家为主体，向发展中国家进行投资，还是以发展中国家为主体，向发达国家投资，其内在驱动力都是优势发挥。① 本节将重点研究发展中国家在不具备技术优势的产业上对外投资的过程中如何获取技术溢出带来的福利，在理论分析的基础上，进一步研究这种所谓的逆向技术外溢的微观机理，展示技术这种资源在国际直接投资过程中的转移路径，以及这种技术资源对养老产业发展的推动作用。

一、研发反馈机制

发展中国家通过国际直接投资，充分借助发达国家的技术创新环境和基础设施可以推动本国技术进步，带动产业升级。

根据西方经典理论，技术进步与经济增长之间存在双向正反馈效应，这在学术界已达成共识。在此无须详细介绍其内部促进的微观机制。一般来说，经济发达的国家一方面会更加重视科技创新和研发，极力为相关科技创新研发提供相对优越的政策环境以及学术氛围；另一方面，拥有自主研发能力的发达国家由于前面提到的逆向技术外溢，会吸引除了投资发达国家以外的发展中国家优秀的R&D团队，引进相关人才。② 由此，发达国家基于这种循环机制，会成为技术创新研发的重要发源地和聚集地。这种研发反馈机制的路径如图5-3所示。

一般来说，发展中国家不具备技术优势的企业会选择通过对外国际直接投资的方式"走出去"，在发达国家，由于地缘优势和地理上的靠近优势，发展中国家可以通过充分利用发达国家的优秀研发人才或者相关的政策优惠条件等基础设

---

① 黄汉民．国际经济合作 [M]．上海：上海财经大学出版社，2007．
② 谭绮球，邓保国．全球化视阈下研发人才国际竞争——规律、影响及中国应对措施 [J]．科学学研究，2009，27（5）：728-732．

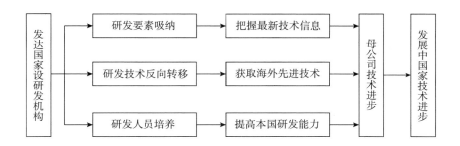

图 5-3　逆向技术外溢效应的研发反馈机制

资料来源：笔者根据国际投资理论结合养老产业国际投资现状整理。

施平台积极开展创新和研发工作，并且通过企业内部的渠道将研发创新的阶段性成果及时反馈回母国，为母国的创新和研发提供基础支撑或者指出下一步的研究方向，带动母国整个产业的技术进步。

二、技术扩散机制

在发展中国家通过对外国际直接投资带来的技术进步效应的技术扩散机制中，来源于技术扩散的外部性机制所带来的技术外溢效应尤为显著（见图 5-4）。一般来说，技术扩散从其表现现实来看，可以分为专业人员形式、专业技术设备等资本形式、管理经验运营模式等文化形式三种。其中，以文化形式扩散属于前面提到的国际直接投资外部性。

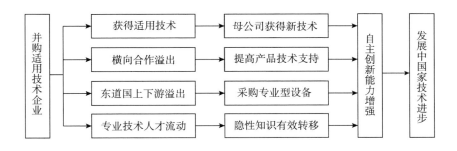

图 5-4　逆向技术外溢效应的技术扩散机制

资料来源：笔者根据国际投资理论结合养老产业国际投资现状整理。

首先，传播技术的最直接方式是通过专业人员的转移和传播。[①] 一般来说，任何技术的创新和研发都是基于专业人员，其他形式的知识与技术的传播离开专业人员的解读与掌握，根本无法实现。因此，要想实现技术的扩散，最基础的条件就是专业人才的支撑。这种基于专业性人才的技术转移，在对外国际直接投资这种模式上就体现出极大的优势，一方面是由于发达国家天然具有对优秀人才的吸引力；另一方面，发达国家相对完善的教育体制对于培养高质量的专业性人才是极其重要的。由此，发达国家变成天然的创新研发人才聚集地已成为公认的事实。相对于自己培养专业型人才不但耗时长而且效率低的缺点，通过国际直接投资直接获取现成的、成熟的、大规模的专业人才是最简单有效的方法，当然也是技术扩散的重要方式之一。

其次，技术扩散的另外一种主要途径是专业设备等资本形式的转移。这种形式的技术扩散相对于前面的专业人才型的转移，一般来说成本相对较小，但是对技术的形式有一部分的限制。特别是基于专业设备等资本形式的转移，一般来说，这种专业设备如果是某种大型设备的话，可能其转移起来相对较难，对于具备一定专业性的人才的需求也是这种模式的弊端之一。另外，最重要的是，资本形式的转移往往是基于学习或者复制、模仿发达国家已有的现成的科学技术，限制了企业的自主性。当然，同样作为技术扩散的主流途径之一，资本型技术外溢的优势也显而易见，不同于专业型人才的技术外溢在技术创新研发方面具有不确定性，资本型技术转移牺牲了研发的自主性和创新性，换得的是对已有技术的全面性掌握。

最后，不同于前面提到的两种大家比较熟知的技术扩散途径，基于国际直接投资的外部性提出的文化形式的技术转移对一个国家的技术进步的影响则更加深远。这种模式的技术转移是指在对外国际直接投资的过程中，通过在发达国家长期交流，对其文化的渗透。一般来说，这种文化扩散的方式可以分为三类：其一，针对原本在发达国家就具有行业壁垒的行业，国际直接投资的进入打破了原本的垄断市场格局，变成了我们常说的寡头市场。不同于完全竞争市场，在寡头垄断格局里，各寡头之间互相交流形成文化的相互渗透，获取发达国家先进的经

---

① 邹樵. 共性技术扩散的概念及其特征 [J]. 科技管理研究, 2010, 30 (19): 142-145.

营管理经验。其二,发展中国家国际直接投资的加入将会刺激原本发达国家市场的竞争,倒逼已经存在的企业提高技术创新和研发效率,进而直接提升发达国家的技术水平,同时促进发展中国家的技术提升。[①] 其三,发展中国家的国际直接投资很大部分是对现有先进管理经验以及技术的模仿,这种模仿将加速技术扩散。

三、收益反馈机制

相较前面两种机制,收益反馈机制就显得简洁很多(见图5-5)。正如前面的逆向技术外溢效应模型中提到的,国际直接投资从微观角度来看,仍然属于企业行为。尽管国际直接投资经常会从国家的宏观视角出发,其代表的立场统一,但是归根结底,一个企业作为一种社会组织的存在,其本质还是利益驱动的。也就是说,只有当某一种投资是有利可图的,投资行为才会发生,这一原则不但适用于国内投资,同样也适用于国际直接投资。

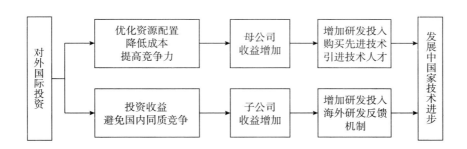

图5-5 逆向技术外溢效应的收益反馈机制

资料来源:笔者根据国际投资理论结合养老产业国际投资现状整理。

收益反馈机制的核心解释了发展中国家通过开展国际直接投资,推动企业自身为了提高劳动生产率或者提高服务水平和质量,应对更加开放的市场激烈竞争,不得不加速技术研发和提高转化率,进而带动发展中国家的技术进步。

对这一反馈机制的解释主要分为两个方面:一方面,发展中国家的企业通过

---

① 陈飞翔. 开放中的经济发展 [M]. 北京:中国对外经济贸易出版社,1994.

国际直接投资寻求更大市场，扩大规模的同时，实现规模经济，达到缩减成本的目标。当然，更加激烈的市场竞争同样能刺激企业提升自身的生产效率，同时降低成本。另一方面，除了成本节约，收益反馈机制还表现为收益的直接增加，直接选取发达国家发展相对成熟的产业，避免在国内进行低端的同质性竞争，将给企业带来新的利润增长点，获得比在国内投资更多的收益，这种收入的增加也是收益反馈机制的重点组成部分。总之，无论是成本节约还是投资收益的增加，对于企业都表现为利润的增加，这一部分收益增加将会促使企业加大技术研发的投入，带动技术创新，推动整个国家的科技进步和创新。

四、公共效应机制

对于前面三种机制，我们的着眼点都是开展国际直接投资的企业本身，而公共效应（见图5-6）则是从整个社会这种宏观角度出发的。首先，前面提到的逆向技术外溢效应带动发展中国家技术进步，使发展中国家的平均成本曲线向下移动，进而增强该国在国际上的产业优势。

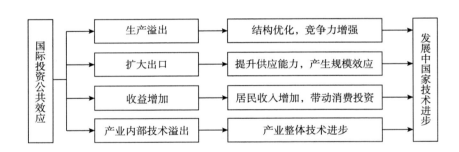

图5-6 逆向技术外溢效应的公共效应机制

资料来源：笔者根据国际投资理论结合养老产业国际投资现状整理。

其次，发展中国家积极开展对外国际直接投资活动，其实是一种全球扩张战略，从国家关系的角度看，将会增加一个国家的出口额，出口的增加必将是以企业规模扩张和产业升级为前提的，这就意味着会导致发展中国家产业内部形成规模经济效应，在提高本国生产效率的同时提升整个国家的生产力水平。

当然，以上这两点最终会增加整个社会的效益，带动经济增长。经济增长与国际直接投资之间就会形成一种正反馈的联动效应，即国际直接投资促进经济增长，同时经济增长会促进技术研发投入与创新，反过来带动国际直接投资。

第三节　逆向技术外溢效应条件研究

本节试图在传统经典理论的基础上，通过理论推导，分析发展中国家向发达国家就其不具备比较优势的产业进行对外投资过程中产生的逆向技术外溢效应，并给出上述效应发生的外在条件，以期对发展中国家在做出国际直接投资决策时提供必要的理论支撑。

一、理论模型的建立

我们考虑这样一个场景：某种产业的厂商有两家——厂商 A 和厂商 B，其中厂商 A 属于发展中国家的企业，而厂商 B 则属于发达国家的企业。[①] 两个国家的生产研发能力不同，发达国家的厂商 B 属于该产品的市场领导者，拥有绝对的技术优势，而发展中国家的厂商 A 则不具备研发能力，只能处于产业链的底端。发展中国家的厂商 A 具有一定的模仿能力，但是由于相关技术的特殊性，厂商 A 不能完全模仿厂商 B 的产品[②]；同时，厂商 A 还具备一定的自主创新能力，也就是说：

定义 1：厂商 A 的模仿能力为 σ_A，其中 $0 \leq \sigma_A \leq \sigma_B$。

定义 2：厂商 A 的自主创新能力为 δ_A，其中 $\delta_A > 0$。

由于不同国家的劳动力成本不同，因此在生产相同产品或者提供相同服务时，两家厂商所承担的工资率不同。

定义 3：厂商 A 的工资率为 ϖ_A，厂商 B 的工资率为 ϖ_B，其中 $\varpi_A < \varpi_B$。

当然，为了能够获取技术进步，单纯依靠国内，也就是发展中国家进行自主创新研发，是完全不够的。通过前面对发展中国家进行国际直接投资的动因分析中我们知道，此时的厂商 A 应该进行国际直接投资来获取技术创新能力的提高。

---

① 马亚明，张岩贵. 策略竞争与跨国公司的国际化经营［M］. 北京：中国经济出版社，2006.

② 高建刚. 质量成本、收入分配与垂直产品差异［D］. 山东大学，2007.

对于一个产业中的厂商来说，基本上可以划分为生产型厂商和服务型厂商。由于这两类厂商的技术创新类型不同，下面将分别针对生产型厂商和服务型厂商两种类型来讨论，研究其逆向技术外溢效应。

二、生产型厂商分析

对于生产型厂商，假设厂商为生产一种产品，其单位劳动投入量为 L，由于不同时点的单位劳动生产率不同，因此我们需要做一下定义。

定义 4：在时间 t 厂商 A 的单位劳动生产率为 L_t^A，厂商 B 的单位劳动生产率为 L_t^B，由于 A、B 两厂商在技术创新上的差异，且 A 弱于 B，因此 $L_t^A < L_t^B$。

由于发达国家的厂商 B 具有绝对的技术优势，其能够自主完成技术创新研发，因此厂商 B 的劳动生产率是随着时间推移逐渐提高的。

定义 5：ρ_B 为厂商 B 的技术创新效率，其中 $\rho_B \geqslant 1$。

假设厂商 A 不通过国际直接投资方式"走出去"进入发达国家，仅仅在国内模仿厂商 B 的先进技术，由于厂商 A 具有一定的模仿能力，因此通过模仿厂商 B 的创新技术，可以提高自己的单位劳动生产率。[①] 一般来说，这种通过模仿获得的技术创新会具有一定的滞后性。简单来说，厂商 A 在 $t+1$ 时所获得的技术创新来源于厂商 B 在 t 时的技术，由于不能完全模仿，因此 $L_{t+1}^A = L_t^B \times \sigma_A$。

σ_A 为厂商 A 的模仿能力。一般来说，厂商模仿能力越强，其劳动生产率越低。厂商 A 的模仿能力越强，σ_A 越接近 1，相应地，厂商 A 的劳动生产率越接近厂商 B，加之滞后性的存在，当 $\sigma_A \to 1$ 时，$L_{t+1}^A \to L_t^B$，也就是 $\lim\limits_{\sigma_A \to 1} L_{t+1}^A = L_t^B$。

根据定义 5，$L_{t+1}^B = L_t^B \times \rho_B$。整理得 $L_t^B = L_{t+1}^B / \rho_B$，代入前式中可得 $L_{t+1}^A = L_{t+1}^B \times \sigma_A / \rho_B$，进一步推导可以得出 $L_t^A = L_t^B \times \sigma_A / \rho_B$。

当然，厂商 A 还可以通过国际直接投资的方式，在发达国家建立自己的技术创新中心，充分利用发达国家优越的创新技术、环境等各种资源开展创新研发等工作，实现自主创新。[②] 通过前面定义 2 我们可以知道，厂商 A 的自主创新能力为 δ_A，其中 $\delta_A > 0$。

---

① 周轶昆. 基于厂商学习的产业创新机制研究［M］. 北京：经济科学出版社，2010.
② 李烁，王峰，王启云. 中国企业海外 R&D 投资的思考［J］. 重庆邮电学院学报（社会科学版），2005（4）：496-499.

类似地,厂商的自主创新能力往往也决定了厂商的劳动生产率。不同于前面的模仿能力,自主研发能力不具备滞后性,因为厂商 A 和厂商 B 能够同时开展自主研发活动,唯一的不同在于,双方由于研发能力不同导致研发效率存在差异。这一点也是这两种模式差异的关键所在。

由此,$L_t^A = L_t^B \times \delta_A$。

下面我们继续讨论,基于厂商模仿能力和基于厂商自主创新能力两者之间是否有优劣之分。考虑到不同厂商之间的差异性,加上现实生活中确实存在有的厂商选择模仿而其他厂商选择自主创新,我们可以提出假设:

假设 1:存在某一临界条件,也就是某一特定时机,在这一时机之前,厂商通过模仿获得的技术创新进而提高的劳动生产率将大于厂商通过自主研发获得的技术创新进而提高的劳动生产率。

很显然,如果我们能够找到这一临界条件,将为中国企业进行国际直接投资带来重要的理论支撑。

假定厂商 A 正在考虑进行国际直接投资以实现技术创新,那么企业在做出这一决策时,其依据必定是比较两种模式带来的投资利润的多少,我们假设这一临界条件为 $t=j$。

假定 C_j 为厂商 A 在 j 时进行国际直接投资的成本,π_t^σ 为厂商 A 在 t 时通过模仿能力获取的现金流,此时的净现值为:

$$\prod(x) = \sum_{t=1}^{j-1} \pi_t^\sigma / (1+r)^t$$

π_t^δ 为企业 A 在 t 时通过国际直接投资自主技术创新获取的现金流,此时的净现值为:

$$\prod(x) = \sum_{t=1}^{T} \pi_t^\delta / (1+r)^t$$

由此,企业若从原来的依靠模仿能力转变为依靠自主创新,所实现的净现值为:

$$\prod(j) = \sum_{t=1}^{j-1} \pi_t^\sigma / (1+r)^t + \sum_{t=j}^{T} \pi_t^\delta / (1+r)^t - C_j / (1+r)^t$$

当 $\prod(j) > \prod(x)$ 时,即:

$$\sum_{t=1}^{j-1} \pi_t^\sigma/(1+r)^t + \sum_{t=j}^{T} \pi_t^\delta/(1+r)^t - C_j/(1+r)^t > \sum_{t=1}^{j-1} \pi_t^\sigma/(1+r)^t$$

令 $\eta_t = \pi_t^\delta - \pi_t^\sigma$，上式可以简化为：

$$\sum_{t=j}^{T} \eta_t/(1+r)^t > C_j/(1+r)^t$$

进一步可以得出：

$$\sum_{t=0}^{T-j} \eta_{t+j}/(1+r)^t > C_j$$

也就是说，当厂商通过技术创新带来的效率提升所对应的成本的节约的净现值之和超过厂商对外投资成本的净现值时，厂商进行国际直接投资才有利可图。也就是说，前面的假设 1 得到验证。

三、服务型厂商分析

前面我们讨论的是生产型厂商，其技术创新表现为劳动生产率的提升。这主要是由于生产型厂商所生产出来的产品是无差别的，在此前提下，该行业的技术创新的重点在于降低成本，提高生产效率。

与生产型厂商不同的是，有些厂商提供的产品不再是有形的产品，而是以无形的服务为主。不同于上一部分讨论的生产型厂商，服务型厂商通过技术创新获得的进步表现为同样的劳动投入率前提下服务质量的提升。因此，如果是服务型厂商，发展中国家在选择国际直接投资战略时，其临界条件就不再是前面提到的边际成本节约等于边际对外投资成本。因此，对于服务型厂商来说，前面的模型推导出来的结果对其并不适用。那么，寻找服务型厂商进行国际直接投资的临界条件，进而帮助该类型的厂商进行科学决策，为其理性投资提供重要理论支撑则显得尤为重要。接下来，本书将以服务型厂商为主要分析对象，对其在国际直接投资过程中的逆向技术外溢效应进行深入研究,[①] 这不但可以进一步补充和完善前面理论分析的框架，而且具有极强的实践意义。

类似地，我们仍然沿用前面理论分析的案例。厂商 A 来自发展中国家，厂商 B 来自发达国家，两家厂商互相存在一定的技术创新差异，表现为所提供的服务

[①] 叶红雨，韩东. OFDI 逆向技术溢出效应研究述评与展望 [J]. 当代经济管理，2015，37（2）：10-15.

质量的差异上。

定义 6：在时间 t 厂商 A 的服务水平为 q_t^A，厂商 B 的服务水平为 q_t^B。

由于厂商 B 相对于厂商 A 有技术优势，因此 $q_t^A < q_t^B$。

由于发达国家的厂商 B 具有绝对的技术优势，其能够自主完成技术创新研发，因此厂商 B 的服务水平或质量是随着时间推移逐渐提高的。

同样地，ρ_B 为厂商 B 的技术创新效率，其中 $\rho_B \geqslant 1$。

假设厂商 A 不通过国际直接投资的方式从发展中国家"走出去"进入发达国家，仅仅在国内模仿厂商 B 的创新技术，由于厂商 A 具有一定的模仿能力，通过模仿厂商 B 的先进技术，可以提高其自身的服务水平或者质量。一般来说，这种通过模仿获得的技术创新会具有一定的滞后性，简单来说，厂商 A 在 $t+1$ 时所获得的技术创新来源于厂商 B 在 t 时的技术，由于不能完全模仿，因此 $q_{t+1}^A = q_t^B \times \sigma_A$。

σ_A 为厂商 A 的模仿能力。一般来说，厂商模仿能力越强，其服务水平和质量越高。厂商 A 的模仿能力越强，σ_A 越接近 1，相应地，厂商 A 的服务水平和质量越接近厂商 B，加之滞后性的存在，当 $\sigma_A \to 1$ 时，$q_{t+1}^A \to q_t^B$，也就是 $\lim_{\sigma_A \to 1} q_{t+1}^A = q_t^B$。

根据定义 5，$q_t^B = q_{t+1}^B / \rho_B$

代入前式中可得 $q_{t+1}^A = q_{t+1}^B \times \sigma_A / \rho_B$，进一步推导可以得出 $q_t^A = q_t^B \times \sigma_A / \rho_B$

当然，厂商 A 还可以通过国际直接投资的方式在发达国家建立自己的技术创新中心，通过充分利用发达国家优越的创新技术、环境等各种资源开展创新研发等工作，实现自主创新。通过前面定义 2 我们可以知道，厂商 A 的自主创新能力为 δ_A，其中 $\delta_A > 0$。

类似地，厂商的自主创新能力往往也决定了厂商提供的服务水平和质量。不同于前面的模仿能力，自主研发能力不具备滞后性，因为厂商 A 和厂商 B 能够同时开展自主研发活动，唯一的不同在于，双方由于研发能力不同导致研发效率存在差异。这一点也是这两种模式差异的关键所在。

由此，$q_t^A = q_t^B \times \delta_A$

因此，发展中国家通过国际直接投资，要想提高服务水平和质量，则必须满足通过投资获取的技术创新提高的服务水平和质量大于通过模仿获得的技术进步提高的服务水平和质量，即 $q_t^B \times \delta_A > q_t^B \times \sigma_A / \rho_B$，进一步推导得出 $\rho_B > \delta_A / \sigma_A$。

也就是说，发达国家较高的自主技术创新能力 ρ_B 的提高，将会增加发展中国家对其进行国际直接投资的吸引力，这也是科技发达、研发能力超强的国家和地区成为目前国际直接投资的聚集地的重要原因之一。

下面我们继续讨论，基于厂商模仿能力和基于厂商自主创新能力两者之间是否有优劣之分。考虑到不同厂商之间的差异性，加上现实生活中确实存在有的厂商选择模仿而其他厂商选择自主创新，我们可以提出假设：

假设 2：存在某一临界条件，也就是某一特定时机，在这一时机之前，厂商通过模仿获得的技术创新进而提高的服务水平和质量将大于厂商通过自主研发获得的技术创新进而提高的服务水平和质量。

很显然，如果我们能够找到这一临界条件，将为中国企业进行国际直接投资带来重要的理论支撑。

假定厂商 A 正在考虑进行国际直接投资以实现技术创新，那么企业在做出这一决策时，其依据必定是比较两种模式带来的投资利润的多少，我们假设这一临界条件为 $t=j$。

假定 C_j 为厂商 A 在 j 时进行国际直接投资的成本，π_t^σ 为厂商 A 在 t 时通过模仿能力获取的现金流，此时的净现值为：$\prod(x) = \sum_{t=1}^{j-1} \pi_t^\sigma / (1+r)^t$

π_t^σ 为企业 A 在 t 时通过国际直接投资自主技术研发获取的现金流，此时的净现值为：

$$\prod(x) = \sum_{t=1}^{T} \pi_t^\delta / (1+r)^t$$

由此，企业若从原来的依靠模仿能力转变为依靠资助创新，所实现的净现值为：

$$\prod(j) = \sum_{t=1}^{j-1} \pi_t^\sigma / (1+r)^t + \sum_{t=j}^{T} \pi_t^\delta / (1+r)^t - C_j / (1+r)^t$$

当 $\prod(j) > \prod(x)$ 时，即：

$$\sum_{t=1}^{j-1} \pi_t^\sigma / (1+r)^t + \sum_{t=j}^{T} \pi_t^\delta / (1+r)^t - C_j / (1+r)^t > \sum_{t=1}^{j-1} \pi_t^\sigma / (1+r)^t$$

令 $\eta_t = \pi_t^\delta - \pi_t^\sigma$，上式可以简化为：

$$\sum_{t=j}^{T} \eta_t / (1+r)^t > C_j / (1+r)^t$$

进一步整理可以得出：

$$\sum_{t=0}^{T-j} \eta_{t+j}/(1+r)^t > C_j$$

也就是说，当厂商通过技术创新带来的服务水平和质量提升所对应的利润的增加的净现值之和超过厂商对外投资成本的净现值之和时，厂商进行国际直接投资才有利可图。也就是说，前面的假设 2 得到验证。

第四节　逆向技术外溢效应对养老产业的影响

一、对养老产业发展的积极影响

前面我们已经分析了养老产业国际直接投资的特征及其逆向技术外溢效应。由于这种逆向技术外溢效应对应的产业升级涵盖范围较广，加上养老产业的产业链长，横跨一产到三产，因此我们通常意义上提到的技术进步的狭义定义已经不能满足国际养老投资的范围，我们需要用更加广义的定义。

根据经济学的分类，技术进步根据其对劳动和资本要素的生产率的改变的不同，可以有三种分类，包括中性技术进步、劳动节约型技术进步和资本节约型技术进步。其本质来源于资本和劳动价格比率不变的情况下，资本和劳动比的变化不同。由于我们的研究对象是养老产业，覆盖范围广，为方便讨论，我们假定发生中性技术进步。

接下来我们研究前面提到的逆向技术外溢效应对养老产业的影响。

如图 5-7 所示，曲线 I 为企业在开展国际直接投资之前的整个养老产业的等产量曲线。由此，该曲线的切线 KL 则代表前面提到的劳动资本价格比率，由于前面已经说明，我们研究的是中性技术进步，因此 KL 的斜率为-1，两者能够完全替代。经过国际直接投资给养老产业带来的技术进步之后，等产量线 I 向左下方移动到 IB，表示同一产量只需要较少的资本和劳动投入，此时的要素价格比率线平行向左下方移动到 K_1L_1，与新的等产量线相切，达到新的均衡。此时，达到同样的产出，只需投入更少的资本和劳动，在投入产出曲线上则表现为由曲线

1移动至曲线2，可以看到，此时投入相同，产量增加，由此我们的产业规模得到了扩张。

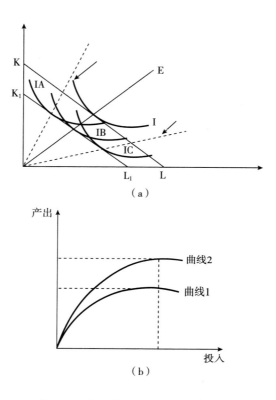

（a）

（b）

图 5-7 技术进步对养老产业的影响

资料来源：笔者根据国际投资理论结合养老产业国际投资现状整理。

由于养老产业的产业链特别长，因此技术进步给不同环节带来的影响是不同的，我们需要对产业链不同环节中不同类型的技术进步进行讨论：如果技术进步带来的劳动节约比资本节约更多，则移动后的线为IA，即OE线从原点向上旋转，此时发生劳动节约型技术进步；如果技术进步带来的资本节约比劳动节约更多，则移动后的线为IC，即OE线从原点向下旋转，此时发生资本节约型技术进步。但无论是哪种技术进步，IA、IB、IC三条线的成本线都低于I，表明产出相同时，投入减少，在投入产出曲线中表现为由曲线1移动至曲线2，此时投入相同时，产量增加，由此我们的产业规模得到了扩张。

二、养老产业发展风险应对

国际投资在给国内养老产业带来积极影响的同时，也伴随着一系列风险与挑战。

（一）风险管理体系建立

风险管理作为养老产业项目最基本的保障，对项目的成败至关重要。因此，养老产业风险管理通过对项目全生命周期的所有风险结果进行系统、科学的分析，深入了解各种风险发生的概率，并对其后果的严重程度进行合理预测，在对相关信息进行合理量化之后评估其对最终项目的影响，继而根据影响程度的不同以及风险性质的差异采取不同的控制措施，在最大限度降低风险的同时最小化风险管理成本，最终使企业综合效益最大化。养老产业风险管理的目标与企业的经营目标是一致的，即综合效益最大化。具体来说，养老产业风险管理的目标主要包含以下几个层次：

1. 风险损失最小化

风险管理的核心目的是尽量减少不同类型风险对养老项目运作的影响，因此其主要目标是尽量减少风险损失。这里的损失是一个广义的概念，不单单指财务报表上所反映出来的资金的流出，还包括一些对社会、公司名誉等造成的损失。因此，这里涉及对各种因素造成损失的量化问题，但是实际操作中往往会有很多损失无法量化，需要风险管理人员根据经验以及相关技术手段做出评估。

2. 风险管理成本最小化

风险管理的各个环节都涉及成本的付出，因此其成本最小化目标与企业综合效益最大化的目标是一致的。一般来说，风险管理成本与项目营利性之间是一种此消彼长的关系。风险管理伴随着项目的全生命周期，其成本是可预见且可控制的，因此不属于风险损失范畴。但是风险管理成本作为企业利润的扣减项，需要联系企业效益综合考量。风险管理成本最小化和风险损失最小化两个目标之间相互制约、此消彼长，如果一味地追求其中某一个目标而忽略另外一个的话，很容易造成最后整个项目的失败。同样地，成本最小化所指的成本也是一个广义概念，不仅仅指在进行风险管理过程中所发生的实际成本，还包含时间成本等隐性成本。因此，这就涉及风险管理效率的问题，风险管理的各个流程对于信息的及时性都要求较高，也就是对效率提出了更高的要求。市场瞬息万变，高效率的风险管理要求尽可能减少每个环节所耗费的时间以及各环节之间的时间。

（二）养老产业风险管理框架

首先，养老产业风险管理框架应遵循稳定原则。在此原则下，要求风险管理体系的架构科学清晰，既要保证信息的顺利传达，又要保证相关信息与责任的隔离，既要保证责任与权利的协调，又要保证体系内的相对公平。另外，风险管理体系越简单，信息流通速度越快，但是其可操作性和风险相对较高；相反地，如果体系设置过于复杂，则信息流通速度会大大降低，严重影响风险管理的效率。因此，如何设置一个能确保整个管理体系稳定的框架是目前需要解决的主要问题之一。

其次，养老产业风险管理框架应遵循全面性原则。正如前面养老产业风险管理目标中提到的，风险管理是一个涉及多个层面的体系，需要从多个维度去衡量这些目标。因此，其风险管理的架构应该体现全面性，随时与企业外部环境及企业内部环境相联系并做出相应的调整。也就是说，养老产业的风险管理不再仅仅着眼于某一个或某几个项目，而是将整个企业乃至整个社会作为整体考虑，在保证各个部门单位之间的信息传达畅通、及时的同时，还需要保证整体的综合效益。

再次，养老产业风险管理框架应遵循分权和集中的统一。一方面，由于风险管理的风险识别过程需要对项目在整个生命周期中可能遇到的会使其最终目标发生偏离的所有事件进行合理的整理分类，因此就要求风险管理环节对风险进行必要的细分，根据不同类型的风险发生的概率、特点采取相应的控制手段。按照专业化原则，需要针对风险的类型分别设置不同的风险管理部门，这样才可以在外界或内部环境等因素发生变化时，相应的部门能及时反应，快速高效地应对。如果不进行部门的细分，当大量外部信息涌入风险管理部门时，由于工作效率的限制，会导致大量信息不能及时得到分析处理，进而错过最佳的风险控制时机。另一方面，这些分散的风险管理部门之间如果相互分离、各自独立，没有一个集中的统筹部门，各自针对自身情况设置风险管理目标的话，那最终这些部门的风险管理目标的简单汇总可能与总的风险管理目标不一致。因此，风险管理部门除了分散化之外，还需要集中化，只有完成分散和集中的统一管理，才能最终达到风险管理目标。不同类型的风险管理部门有了一个统一的管理协调机构，及时根据各部门的反馈统筹整个风险管理体系，合理进行资源分配，才能有秩序地正常高效运转。

最后，养老产业风险管理框架应具备一定的应变能力。虽然风险管理有一个相对固定的流程体系，但是由于风险管理工作的特殊性，固定的管理政策或者模式可能无法解决出现的新情况，因此要求养老产业风险管理体系要为一些突发的新状况预留出一定的空间，相应的管理制度需要有一定的弹性。如若不然，当现有的管理模式无法适用于突然出现的新情况时，会导致整个管理系统的崩溃，进而影响其最终目标的实现。对外界变化的应变能力要求管理体系能随时保持与外界的沟通，并对相关因素进行实时监测，继而根据监测结果自身及时做出调整以适应相应的变化。因此，养老产业风险管理框架应该是动态的。

对养老产业风险管理框架设置的四个原则综合考虑，不难发现，四者具有统一性。全面性、分散和集中的统一以及应变能力都是稳健性的必要条件。三者之中的任何一个不满足时，都会影响到风险管理的最终目标，引发风险管理体系的崩溃，最终难以保证稳健性的要求。另外，全面性、分散和集中的统一以及应变能力之间相互联系，全面性要求风险管理所考虑和分析的风险类型繁杂，继而引出后面两个要求，同时，只有保证后面两者的存在，才能说整个风险管理体系是全面的。因此，这四个原则之间相互联系，是一个统一的整体，单纯地抛开任何一个都无法达到风险管理的目标。

为了保证信息得到及时、准确的沟通，以及整个风险管理体系能正常、高效运转，需要建立一个相对科学的体系框架。本书基于风险管理的最终目标，并全面考虑不同部门的目标，明确各部门的职责和权利，根据前文对养老产业风险管理的深入分析，将风险管理系统划分为文化、组织、制度、流程、内部控制以及激励六个功能模块，体现整个体系的分散性，同时，建立相关业务部门和管理部门，体现集中性，建立分散和集中统一的体系框架，贯穿养老产业整个生命周期的各个阶段。养老产业风险管理系统框架如图5-8所示。

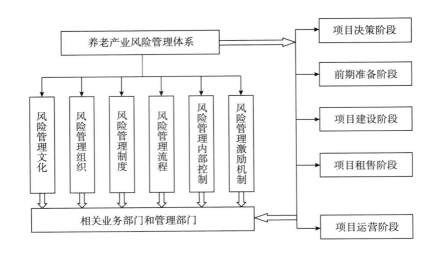

图 5-8 养老产业风险管理体系

资料来源：笔者根据养老产业发展现状调研结果整理。

1. 风险管理文化建设

企业文化作为企业管理的灵魂，对于一个企业非常重要，同样地，风险管理文化对于整个风险管理体系也至关重要，必不可少。只有相关人员认可了风险管理文化，建立了统一的价值观，才能自主有效地提高风险意识和管理效率，保证最终风险管理目标的实现。风险管理文化要求所有风险管理体系中的所有人建立一个共同的价值观。

这种价值观的建立，首先，要明确风险管理的目标。养老产业风险管理的目标是围绕养老产业的经营目标来展开的，风险管理的所有活动都是以养老产业成功运营为终极目标展开的。其次，养老产业的开发和运营期很长，风险管理文化必须贯穿养老产业的整个生命周期。脱离养老产业开发运营的任何一个环节来进行养老产业风险管理都是不科学、不切实际的。因此，养老产业风险管理文化建设是一个持续性的过程，不仅需要涵盖开发建设的各个阶段，而且需要贯穿全过程。最后，养老产业风险管理文化的建设不仅仅针对管理阶层，更要扩大覆盖到基层。只有做到风险管理文化的全覆盖，才能自上而下地统一整个体系的价值观和目标，保证全员的行动都为最终目标服务。具体来说，风险管理文化建设主要从员工培训、制定规章制度、团队建设等方面入手。

2. 风险管理组织建设

养老产业风险管理的组织架构在设置时有以下几方面需要注意：首先，正如养老产业风险管理的文化建设一样，风险管理也要求全员参与。因为企业的每一个员工在进行企业经营活动时，都存在风险，因此需要全员参与到风险管理的工作中。只有每一位员工在围绕企业经营目标而开展活动时都具有风险管理的意识，并熟悉相关的方法，才能真正实现全面风险管理。其次，由于全员参与，因此需要根据每一位员工所处职位、接触事件的不同设置相应的职责和权利。只有每一位员工清晰地知道自己的职责范围和目的，才能使这一项繁杂的涉及全员的大工程有条不紊地推动下去，继而达到稳健性的目标。另外，由于风险管理极其注重对信息处理的及时性，因此信息流通也需要在设置组织架构时重点考虑。因此，如何通过组织架构的优化，提高信息流通速度并保证信息的完整性是关键性问题。需要注意的是，风险管理在进行的过程中本身就存在操作风险，因此在设计风险管理组织框架时要特别注意相关部门的隔离以及针对不同职责设置相应的权限。

由于风险管理工作的繁杂性，简单的直线型组织架构无法满足其要求，需要同时从管理范围、风险来源、管理过程多方面入手，建立养老产业风险管理的组织结构，确保其高效有序运行。

3. 风险管理制度建设

风险管理制度的建立，作为一种行为规范，其存在的必要性在于规范每一位参与人员的日常行为，是保证风险管理体系真正落地的重要保障。首先，明确要求所有成员都应该树立全面风险管理意识，每个人都应该做好自己工作职能内的风险管理工作。其次，各部门需要安排专人监督和管理各部门的风险管理工作，并按时提交风险管理工作日志。按照不同的风险类别以及风险强度，应明确各部门的管理权限，对于出现的重大风险或者超出其管理范围的风险应该及时上报，确保相关风险信息能够及时、准确的传达，相关部门采取最快、最合理的风险控制手段。最后，风险管理部门应该定期对各部门的风险管理工作做出评价以及反馈，以便完善相关风险管理制度。

4. 风险管理内部流程建设

为确保风险管理的顺利实施，严格有序的流程是最基本的保证。内部流程的建设需要明确风险管理过程，并将其与相关的职能部门进行匹配。考虑到养老产业风险管理工作的特殊性，养老产业风险管理流程如图 5-9 所示。

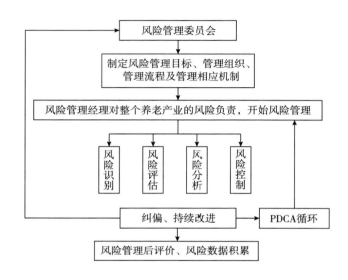

图 5-9 养老产业风险管理流程

资料来源：笔者根据养老产业发展现状调研结果整理。

风险管理在养老产业项目从选址、定位、建设到运营的全生命周期中，都扮演着举足轻重的角色。另外，考虑到风险管理工作贯穿于养老产业项目的全生命周期，因此其流程必然是一个不断循环动态的过程，其监督与改进就显得至关重要。通过对以往风险管理工作的总结归纳以及相应的数据分析，可以积累相应的经验便于调整风险管理战略。

5. 风险管理内部控制建设

养老产业从建设到经营整个生命周期内的风险是复杂多样的，根据风险来源可分为内部风险和外部风险，这里的内部与外部是针对养老产业开发企业来说。因此，制定一个科学有效的内部控制机制防范内部风险是风险管理工作的重要组成部分。

在制定内部控制制度时，首先应该考虑其全面性。只有将其与内部风险相匹配，将其控制范围真正覆盖到所有风险，工作才能有条不紊地推进。其次需要同时兼顾成本效益。只有当风险控制的效益大于成本时，此项工作才是有意义的，才能给整个养老产业项目带来正的收益。

6. 风险管理激励机制建设

与其他所有类型的工作一样，任何一项以劳动力为载体的工作都需要建立一套完善合理的激励机制，如此才能尽可能地激发员工的工作效率。考虑到养老产业项目风险管理工作的特殊性，其难度更大，因此需要针对员工的心态制定更有针对性的激励机制。

科学完善的激励机制需要建立在相对公平公正的绩效考核机制基础上。养老产业风险管理的激励机制需要基于对养老产业项目风险控制的贡献。这种激励机制需要针对所有风险管理人员，只有充分参与，并与自身利益挂钩，才能调动工作的积极性。为了体现激励机制的公平性，在制定具体的奖惩制度时，应综合考虑员工的工作职责及工作效率，确保激励机制能更好地为风险管理工作的最终目的服务，做到企业上下目标的统一。

不同的养老产业项目，由于所处的外在环境以及内部环境均存在较大差异，因此需要针对每一个企业甚至每一个项目制定更有针对性的激励机制，综合考虑各种风险对养老产业项目的最终目标的影响强度制定奖惩方案，确保公平性；另外，根据养老产业项目所处阶段的不同，往往需要调整激励机制，确保匹配性。在此，本书仅简单说明激励机制制定的原则，不对具体方案做详细阐述。

7. 风险管理全面管理

养老产业风险管理主要表现在两个全面统一上：一方面，养老产业全面风险管理应该对养老产业项目所有可能面临的风险进行全面风险管理。只有对所有风险都进行了识别、分析，才能在风险发生前采取恰当的防范措施或者在风险真实发生时采取最有效的控制手段。另一方面，养老产业的综合风险管理应该贯穿于养老产业项目整个生命周期的全过程，不能仅局限于某一个或者某几个过程。只有从一开始的投资分析到最终养老项目运营结束进行全面的风险管理，才能真正实现养老产业项目的目标。风险随时可能会出现在任何一个时间点，任何一个风险都会导致最终的养老产业项目与其目标发生偏离，甚至导致最终结果的失败。

通过以上的分析可以看出，风险类型的全面性与风险管理过程的全面性两者是相辅相成的，如果不能做到兼顾，单纯地追求其中某一个方面都不能实现最终的风险管理目标。如果仅仅关注对风险类型的全面管理，而忽略全生命周期的风险管理，由于没有贯穿整个项目的全过程，因此其风险类型也是片面的；如果仅仅关注全生命周期的风险管理，而没有对风险类型进行全面性的考虑，未被考虑到的风险无时无刻不威胁着整个养老产业项目，这违背了整个生命周期的风险管理原则。总之，养老产业的综合风险管理是风险类型和风险管理过程的统一。

（三）养老产业国际投资风险测度与评价

如前文所述，与一般风险管理项目相比，养老产业的风险管理显示出其特殊性和复杂性。建立一般风险指标系统需要满足以下几个条件：首先，风险管理的指标应该是对项目最终结果极其重要的；其次，风险管理的指标应该遵循可比性原则，保证不同风险级别之间的可比性，便于将风险控制在最小范围内；最后，这些指标组成的体系应该能涵盖项目所有的风险，满足完备性原则。

在满足前面提到的几个原则之外，考虑到养老产业投资的复杂性，其指标体系的建立应该有更多的特殊性。

第一，养老产业投资风险指标内部应该注重系统性和层次性之间的平衡。系统性要求在做出投资决策时从项目整体出发，对项目的发展有一个统筹的安排，不能仅仅局限于各个因素本身。另外，要尊重各要素之间的相互关联，如果指标之间不注重层次性，两个或者两个以上指标反映同一风险，将会影响决策者对项目整体风险的判断，指标之间的层次应该反映项目各方面的风险。因此，指标体系的建立应该是一个自上而下的整体规划，而不应该是一个自下而上的混乱体系。

第二，风险管理是一项复杂的综合性工程，任何一种风险因素都具有其独特性，因此其可操作性也千差万别。指标体系作为养老产业投资风险管理规范的重要组成部分，其可操作性主要指不产生歧义且能够被任何使用者完整地复制出来。因此，在建立指标体系时，应该考虑到这些指标的可操作性，可操作性是保证风险分析的重要前提。

第三，在建立风险指标时应该考虑其全面性。养老产业投资决策需要从项目的整体综合考虑，如果其风险管理指标仅仅反映单一因素或者几个因素，违背全面性原则，那么风险管理将形同虚设；另外，如果在选取指标时，仅仅考虑养老产业建设或者运营中的一个阶段，将严重影响最终风险的科学性，甚至误导决策者的最终判断。因此，只有在风险类别以及风险所覆盖的阶段两方面都做到全面综合考量，才能保证指标体系能最终真实、客观地反映项目风险。

第四，养老产业投资风险指标的选择，应该考虑到中国社会的历史阶段与目前国情。中国养老产业发展历史与未来的发展方向都有其特殊性，不能完全照搬西方发达国家的行业发展历程。只有综合考虑养老产业需求市场人群的特殊性、中国社会政策的方向等，才能真正把握养老产业的发展方向，对其风险有一个科学、客观的评判。

综上所述，养老产业投资风险指标的建立，既不能照搬其他行业或者其他类型地产的风险指标，也不能复制其他国家或地区的风险指标，需要针对目前中国的特殊国情以及养老产业发展环境和发展现状综合考量，为目前中国养老产业投资量身定制一套内部层次清晰、相互协调的指标体系。只有建立科学、客观的风险评估体系，才能构建养老产业综合风险管理体系。

根据前面提到的养老产业投资风险指标体系建立的原则，本书从经济层面、社会层面、政策层面以及企业内部四个层面分别选取指标，构建体系。经济层面指标包括宏观经济发展、开发成本以及市场需求；社会层面指标包括社会配套、道德风俗以及自然环境；政策层面指标包括养老政策、土地政策和城市规划；企业内部指标包括企业综合实力、融资水平以及项目规划。具体指标体系及内部层次分布如图5-10所示。

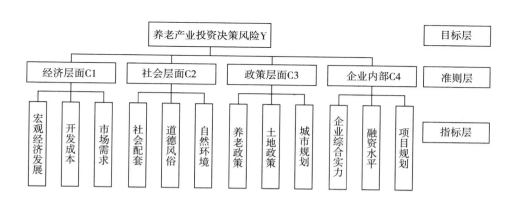

图5-10 养老产业投资风险指标体系

资料来源：笔者根据养老产业发展现状调研结果整理。

　　首先，经济层面的宏观经济发展直接决定了城市居民的消费能力，甚至更深层次地影响了消费者的消费观念。城市经济发展水平与城市居民人均可支配收入正相关，只有经济发展水平相对较高时，人们对养老的需求才更高。如果宏观经济下行，将严重影响居民的消费欲望，这一效应在老年人群体中表现得更加强烈。因此，宏观经济发展水平高低与养老产业项目的成功与否息息相关。另外，开发成本也是影响项目的重要因素之一。房地产行业区别于其他行业的重要特征之一在于其前期巨额的开发成本，而养老产业项目不同于一般房地产项目的关键一点在于其不能通过前期的预售以及销售环节快速回笼资金，弥补前期开发建设成本，只能通过后期运营逐步回收，因此项目的资金回收期实际上特别长。前期开发成本对整个项目来说更加重要，在做出项目投资决策时，这一因素水平高低将直接决定项目风险的大小。养老产业的市场需求也是影响其投资风险的关键因素之一。在做出投资决策时，如果不考虑当地市场的真实市场需求，将导致运营阶段无法形成稳定现金流，甚至无法弥补高额的运营成本，导致整个项目的投资失败。

　　其次，社会层面的社会配套除了一般意义上的城市基础配套——水、电、暖气、通信等，还包括周边地区的大型医疗机构，以及项目内的基本医疗设施和娱乐设施。另外，项目周边的交通条件也是影响养老项目的关键因素之一，养老产业的收入主要来源于后期的运营，交通便利是后期运营的重要保障。道德风俗主要是指当地的消费观念、养老风俗习惯，以及社会对于子女对待父母的养老问题的评价等方面，这将直接影响市场需求。中国大部分地区的养老观念是养儿防老，甚至将子女将父母送到养老机构的行为与不孝画上等号。因此，在做出养老产业投资决策之前，需要对当地的道德风俗做一个深入详尽的调查，以控制投资风险。地产项目周边的自然环境一直是影响项目投资的重要因素之一。由于老年人的生活习惯以及自身生理条件等因素的制约，养老产业项目开发比一般普通地产项目在自然环境的选择上，显得尤为苛刻，项目周边的空气质量、噪声污染等都将直接影响后期的运营环节。

　　再次，政策层面的养老保险政策主要是指国家为促进中国养老产业发展而引入的一系列优惠政策。目前，可争取的养老设施的优惠政策有税收、用水、用电、用地等优惠措施，这些都对养老产业项目的风险有很大影响。除了这些直接的产业政策之外，一些社会层面的宏观政策也会对项目的风险产生影响，比如说三孩生育政策是国家从长远的角度出发，解决目前 4-2-1 家庭结构的年轻人养老问题的重要手段之一。另外，由于养老产业项目前期投资额巨大，其中很大一部分需要靠银行贷款或者引入社会资金等融资手段，因此国家的金融政策的调整也将影响项目投资风险。土地政策主要是影响开发商拿地环节。目前，中国针对养老产业的土地政策主要集中在供地方式和地价两个方面。拿地成本作为项目开发成本的重要组成部分，相关扶持政策的倾斜将直接影响拿地成本，进而影响开发成本。因此，深入研究土地政策，把握未来发展方向，是养老产业项目投资风险管理的重要组成部分。政策层面的最后一项是城市规划。在做出投资决策前，需要了解项目所在地区、所在城市的城市规划。由于养老产业项目的运营周期一般比较长，因此在其运营阶段，如果在城市规划中，地块周边将要建立对空气质量或者生活环境等产生重要影响的化工厂或者嘈杂的学校等，将严重影响养老产业项目的后期运作。另外，城市规划中一些利于项目发展的公园、道路的建设可以提高项目的吸引力和未来的收益。

最后，企业内部层面因素也是影响投资决策的重要因素，养老产业项目对企业综合实力的依赖较强。其一，综合实力较强的企业能对市场有一个相对科学、客观的预判，进而准确做出项目定位；其二，综合实力较强的企业一般具有品牌效应，能为后期运营提供资金保障，吸引潜在客户。因此，企业综合实力是对养老产业项目的保障。此外，企业融资能力也是影响养老产业项目投资风险的重要因素。一方面，养老产业项目对周边自然环境和配套设施提出了更高的要求，导致征地成本高于一般项目。另一方面，养老产业项目内部的医疗设备以及休闲娱乐配套都需要较高的建设成本，因此养老产业项目前期建设以及后期运营都需要大量的资金投入，而这些资金单靠企业内部流动资金根本无法覆盖，其中大部分需要靠外部融资，因此，企业的融资能力直接影响到项目前期建设的质量和后期服务水平。项目规划也是企业内部层面的重要指标。项目规划要求企业在综合分析项目所处的市场环境、适用的政策制度、项目本体的优劣势等时做出最适合的项目定位，并且根据项目定位进行产品设计以及景观设计。项目定位是与客户定位相匹配的，根据老年人的需求合理规划物业发展建议，营造舒适的养老环境。

通过建立相对全面的风险指标体系，通过四个层面的因素，基本涵盖养老产业投资决策中需要考虑的所有要点，便于更加科学、准确地对养老产业进行投资风险评估分析。

1. 灰色模糊理论

风险管理的核心问题在于风险的识别与风险分析。数学作为一种系统性分析工具，在风险分析过程中具有极强的适用性，但是在前期的风险识别过程中，获取到的信息往往是不确定的。对应于前面关于模糊数学理论的介绍，风险管理过程中的大多数信息都是模糊的，因此模糊数学的产生和运用奠定了风险管理的基础。如果针对房地产投资采取传统的风险管理模式，由于管理理念的落后和相关技术方法的单一，必将引发一系列风险问题①，而任何一个风险问题都将最终影响整个投资的回报率。为提高风险管理的质量以及效率，将模糊数学理论引入房地产投资迫在眉睫。

风险管理是一个定性与定量相结合的工程，综观目前国内这方面的研究，主要偏向于定性研究，定量研究相对匮乏，数量严重不足。单纯的定性研究无法使最终的风险管理落地，仅仅停留在理论层面；而定量研究的缺失使风险管理缺少一个效率的评价体系，进而严重影响其准确性。在分析养老产业投资风险时，许多因素无法用指标来量化，比如社会风险中的自然环境以及政策变化等。模糊数学理论的提出方便风险管理工作人员运用一种更科学、客观的方法来分析这些内部和外部的风险因素对于整个养老产业投资项目的影响强度，方便他们找出对最终的养老产业项目产生关键影响的因素，进而因地制宜地开展风险管控措施，提高针对性和效率。

著名的美国学者扎德在20世纪60年代首次提出了模糊数学理论。顾名思义，模糊数学是一种运用数学思维来处理模糊问题的方法。模糊性问题主要是指当信息不确定，人们对于问题的认识判断不明确时所遇到的问题。数学作为一种内部逻辑极其严密的学科，经常被运用到其他学科中，用于解决一些专业现实问题。由于数学极易与其他学科形成交叉学科，运用性较强，为进一步扩大数学的应用性，模糊数学理论应运而生。模糊数学理论的提出，真正实现了将复杂问题模式化、简单化，运用数学工具将定性问题定量化，更加方便其

---

① 徐少卿.外汇储备的"灰色关联"[J].新理财，2016（9）：36-39.

运算。

灰色理论的提出要追溯到 1982 年。为解决某些事件只能获取部分信息的问题，中国数学家邓聚龙将这种只能获取部分信息的系统作为研究对象，通过对这些能获得的部分信息分析筛选，保留重要信息，并根据这些信息的内在逻辑推测其演绎路径，用以预测目标事件发生的概率。该项理论的提出奠定了模糊数学的基础，开创了信息不完全情况下分析事件发生概率的先河，极大地增强了其适用性。[①]

当信息公开透明，我们能获取所有的信息并且能保证所获取的信息内容真实有效时，一般称之为白色信息；与之相对，当信息对外封锁，外界完全不可获取任何关于信息的内容时，我们称之为黑色信息。白色和黑色作为信息分类里的两个极端，在现实生活中所占的比重极其有限，而绝大多数的信息处于两者之间，我们将这类信息称为灰色信息。灰色作为白色和黑色的衍生，由于其普遍存在于日常生活生产中，因此深入分析灰色信息，并且建立一种特殊的分析方法进行灰色信息分析非常必要。灰色系统通常使用诸如灰度矩阵、灰度等式和灰度函数之类的技术术语来描述。[②] 灰色函数用来描述仅仅通过对这部分信息的分析得出来目标事件大致可能发生的概率。由于信息的不完整性，灰度函数通常没有给出特定的数字，它表示目标事件发生概率的近似范围的区间。另外，灰色方程是指方程中含有灰色参数的方程，灰色矩阵是指矩阵中含有灰色参数的矩阵。

在养老产业投资风险的分析过程中，可以借助在这方面有丰富工作经验的专业人员或者钻研该领域的专家学者给出的定性分析，粗略地将养老产业投资风险分为小、较小、中、较大、大五个风险级别。毫无疑问，这样通过相关人员的主观判断得出来的结论所包含的信息是不完全的。在此，借助灰色系统理论来使这些主观判断的定性分析量化，赋予了将这些信息数字化的可能性。运用专业的数学分析提高这些定性分析的可信度，方便决策者更好地判断其真实的风险等级，从而做出最科学的决策。

灰色模糊理论是在模糊理论和灰色理论两者基础上的延伸，是一种定性分析

---

① 顾建强. 中国外汇储备的灰色关联分析与趋势预测 [J]. 贵州师范学院学报, 2008, 19 (3)：68-70.
② 薛蒙. 人民币国际化背景下外汇储备的投资组合研究 [J]. 北方经贸, 2018, 401 (4)：97-98+101.

与定量分析相融合的方法。灰色理论适用于信息不完全的情况，模糊理论适用于信息不明确的情况，灰色模糊理论适用于在信息不完全且又不明确的条件下评价因素出现的概率。通过对要研究的问题深入分析，将问题按照系统性原则分成几个不同维度要素。通过分析这些要素内部的层次逻辑性和重要程度进行综合评分，由于信息的不完全性，根据灰色评估模型，结合相关领域的专家，通过对问题的深入分析得出灰色统计量。又由于信息是不明确的，需要根据模糊理论计算出综合评价得分，该评分在信息不完整和信息不明确的情况下直接反映了风险等级。

灰色理论评价方法的弊端在于其是相关领域专家根据经验做出的打分，结果容易受到专家人员的选择以及经验的影响，主观性较强。养老产业项目不同于一般投资项目，在考虑其投资决策时，其影响因素更加复杂多样。而模糊理论的评价方法由于主要依赖于数学模型，因此解决了信息不确定情况下的评价问题，但是往往由于运算量巨大，其适用性受到了很大的局限。因此，采用灰色模糊理论综合评价其风险，利用模糊理论对数学方法的运用，弥补灰色理论的不足，发挥两者的长处，能够使评价结果在注重内部逻辑性的同时，也兼顾各指标要素之间的层次性。灰色模糊综合评价方法既避免了单纯依靠过往经验做出评价的主观性问题，又解决了信息不完全情况下的适用性问题，是目前养老产业投资风险分析中最合适的综合评价方法。

2. 灰色模糊综合评价模型的构建

根据前面建立的养老产业投资风险指标体系，结合相关专家学者的评分，整理出各因素的相对权重，用 1~9 来代表其重要程度，如表 5-1 所示。

表 5-1   评价矩阵比率标度及含义

标度	定义
1	因素 i 与因素 j 比较，两因素一样重要
3	因素 i 与因素 j 比较，因素 i 比因素 j 稍微重要
5	因素 i 与因素 j 比较，因素 i 比因素 j 较为重要
7	因素 i 与因素 j 比较，因素 i 比因素 j 非常重要
9	因素 i 与因素 j 比较，因素 i 比因素 j 绝对重要
2、4、6、8	为前面两个评判之间的中间状态对应的标准值

标度	定义
倒数	若因素 i 与 j 相比，得到的评判标准值为 $a_{ij}=1/a_{ij}$，则 $a_{ij}=1$

资料来源：笔者根据前文养老产业投资风险指标体系整理得到。

　　根据得到的重要程度构建指标体系中各个层次的评价矩阵。要建立一定的排序规则，满足自反性、传递性和对称性，由此需要分析矩阵的一致性。[①] 对于已经满足一致性要求的矩阵，可以直接将每一列标准化之后得到权重系数；对于不满足一致性要求的矩阵，每一列标准化之后共得到 n 个权重系数，将这些权重系数取算术平均作为最终的权重[②]，具体来说：

（1）将判断矩阵 A 中的元素按行进行相乘；

（2）将上一步骤中所得到的乘积开 n 次方；

（3）将上一步骤中得到的方根标准化之后得到权重 W；

（4）计算出矩阵 A 的最大特征值 λ_{max}，其中 $\lambda_{max}=\sum_{}^{n}(AW)/nW_i$；

（5）计算矩阵一致性检验系数：

$$CR=\frac{CI}{RI}$$

CR 系数小于 0.1 时说明评价矩阵具有一致性，否则需要将 n 个权重系数取算术平均之后再重新计算一致性检验系数，直到满足一致性条件为止。

　　其中，$CI=\frac{\lambda_{max}-n}{n-1}$，另外 RI 可以根据 n 的取值依据表 5-2 得到。

表 5-2　RI 值对照表

n	1	2	3	4	5	6	7	8	9
RI	0	0	0.52	0.89	1.12	1.26	1.36	1.41	1.46

资料来源：一致性检验 RI 值对照表。

① 刘群红，钟普平，陈琛. 基于 AHP 方法的老年地产项目投资风险评价研究 [J]. 城市发展研究，2014，21（11）.
② 张少展，张春海. 基于软件规模的需求优先级排序方法应用 [J]. 微型机与应用，2015，34（1）：81-84.

由此，我们得到判断矩阵 A 和各要素的权重 W_i。根据各个因素的权重的相对大小按照其重要程度依次排序，得出影响养老产业投资风险的几个关键因素。

模糊评价集是收集到的相关领域专家或者专业人员对各风险因素的评价结果所构成的集合 V。本书将风险等级分为小、较小、中、较大、大五个级别，分别在 1~9 数字中取值奇数，其中偶数为两个奇数所代表的级别的中间，表示其风险级别介于两者之间。

首先，建立养老产业投资风险评价矩阵 $(M_{ij})_{k\times m}$，其中，K 代表专家学者数量，m 表示养老产业投资需考虑的风险指标个数。

$$(M_{ij})_{k*m} = \begin{vmatrix} M_{11} & M_{12} & \cdots & M_{1m} \\ M_{21} & M_{22} & \cdots & M_{2m} \\ \vdots & \vdots & \ddots & \vdots \\ M_{k1} & M_{k2} & \cdots & M_{km} \end{vmatrix}$$

其次，确定灰色函数。一般情况下，灰色函数对应数字 1~5，可理解为五个等级，分别代表小、较小、中、较大、大。

对于风险级别为"小"这一集合的风险，其灰色函数为：

$$f_1(d_i) = \begin{cases} 0, & d \notin [0,\ 10] \\ d_i/5, & d \in [0,\ 5] \\ 1, & d \in [5,\ 10] \end{cases}$$

对于风险级别为"较小"这一集合的风险，其灰色函数为：

$$f_2(d_i) = \begin{cases} 0, & d \notin [0,\ 8] \\ d_i/4, & d \in [0,\ 4] \\ (8-d_i)/4, & d \in [4,\ 8] \end{cases}$$

对于风险级别为"中"这一集合的风险，其灰色函数为：

$$f_3(d_i) = \begin{cases} 0, & d \notin [0,\ 6] \\ d_i/3, & d \in [0,\ 3] \\ (6-d_i)/3, & d \in [3,\ 6] \end{cases}$$

对于风险级别为"较大"这一集合的风险，其灰色函数为：

$$f_4(d_i) = \begin{cases} 0, & d \notin [0, 4] \\ d_i/2, & d \in [0, 2] \\ (4-d_i)/2, & d \in [2, 4] \end{cases}$$

对于风险级别为"大"这一集合的风险，其灰色函数为：

$$f_5(d_i) = \begin{cases} 0, & d \notin [0, 2] \\ 1, & d \in [0, 1] \\ 2-d_i, & d \in [1, 2] \end{cases}$$

再次，将评价矩阵中的元素 M_{ij} 代入灰色函数，得出一个灰色值，将适用于同一灰色函数的指标元素的灰色值相加，获得灰色评价系数 B_{ijp}，其中 $B_{ijp} = \sum_h^k f_p(d_{ijp})$，将所有元素的灰色评价系数相加求和，得到 B_{ij}，其中 $B_{ij} = \sum_p^5 B_{ijp}$。则养老产业投资风险水平的大小对应于评价矩阵的隶属函数 S_{ijp}，其中 $S_{ijp} = B_{ijp}/B_{ij}$。

接下来，对前面得到的灰色隶属函数做模糊综合处理。根据前面的内容，本书已经对养老产业投资风险指标体系中的二级具体指标 A_{ij} 做了风险评估，但是要想对其上一层级的指标也做出风险评估，需要对矩阵进行模糊变换，具体公式为：

$$C_i = A_i \times S_i = (a_{i1}, \ a_{i2}, \ \cdots, \ a_{im}) \begin{bmatrix} S_{i11} & \cdots & S_{i1k} \\ \vdots & \ddots & \vdots \\ S_{im1} & \cdots & S_{imk} \end{bmatrix}$$

而要判断项目整体所处的风险级别，需要对目标层作出风险评估，因此需要对矩阵进行迷糊变换，具体公式为：

$$C = A \times S = (a_1, \ a_2, \ \cdots, \ a_m) \begin{bmatrix} S_{11} & \cdots & S_{1k} \\ \vdots & \ddots & \vdots \\ S_{m1} & \cdots & S_{mk} \end{bmatrix}$$

由此我们可以得到整个养老产业项目的投资风险评价矩阵：

$$S = \begin{bmatrix} C_1 \\ C_2 \\ \vdots \\ C_m \end{bmatrix} = \begin{bmatrix} A_1 \times S_1 \\ A_2 \times S_2 \\ \vdots \\ A_m \times S_m \end{bmatrix}$$

最后，为了简单直接地将项目整体风险与五个级别的风险相对应，需要变换前面的风险评估矩阵 C，$V = (V_1, V_2, \cdots, V_m)^T = (1, 3, 5, 7, 9)^T$，$Y = C \times V^T = C \times (1, 3, 5, 7, 9)^T$。由此，我们可以简单直接地将复杂的风险指标体系直接对应于 $1 \sim 9$ 风险级别的数字，为投资决策提供指导和参考。

第六章　养老产业国际投资政策建议

人口老龄化是 21 世纪世界各国面临的共同难题。不仅是西方发达国家，也包括许多发展中国家，它们与中国一样面临着未富先老的难题，所以对于中国的发展经验十分重视，在这个背景之下，中国的养老产业应把握住机遇，选择合适的投资路径，在实现养老产业企业海外投资收益的最大化的同时，为提升国家在世界范围内的影响力做出贡献。

根据第五章的分析可以知道，企业进行国际投资需进行一定的技术积累，否则不仅难以在海外立足，甚至会影响企业的长远发展。所以在养老产业发展的起步阶段，应重视国内环境营造，养老作为每个人都无法回避的问题，是社会公共福利的体现之一。年老是每个人生命中必须面临的一个阶段，因此要求养老制度体现对所有人的平等和尊重，也就是具有公平性。另外，养老制度应为老年人提供必要的保障，只有解决了人们对养老问题的担忧才能刺激参保人员的工作积极性，进而提高劳动生产率，带动整个社会运行效率的提升，成为拉动经济增长的新引擎，因此要求养老制度具有效率性。由于两者不可替代且缺一不可，因此如何做到两者的和谐统一成为设计养老制度时的核心问题，也是目前养老制度改革的唯一方向。

从公平的角度看，养老制度应该遵循一视同仁原则。由于该制度实质上是将参保人员在职期间的财富收集，等其退休后为其提供养老保障和相应的社会福利，政府在此过程中是帮助社会实现收入再分配功能的载体。因此，一项养老制度应该有足够大的覆盖面，只有养老保障惠及社会中更多的人，其公平性的体现程度才会越高。另外，针对社会上存在的贫富差距过大的现象，养老制度更需要涵盖对贫困者的救助功能，以尊重每一个人的人格为基本出发点，直接为没有生活来源的贫困老人提供金钱或者物质上的救助。综合这两方面，无论是收入再分配还是对贫困者的直接救助，都有益于改善目前的贫富差距明显的现状，实际上是对以前的收入分配不公平的一种调整，促进最终分配的进一步公平。

一项行之有效的养老制度，除了要保证其公平性之外，同样要注重效率性。一般来说，狭义的养老制度的运行效率对整个社会经济的影响程度很小，因此其效率性更多地体现在对社会整体效率的影响上。狭义的效率表现在对于一项养老基金的管理的收支平衡上。通过对养老基金进行投资等运营管理，在保证不损失本金的前提下，通过市场的资源配置实现收益性，因此只要是其支出与收入和盈利水平保持基本平衡就实现了狭义上的效率性，反之则是低效率甚至无效率。广义的效率则对养老制度提出了更高的要求。首先，养老制度需要给老年人提供必要的保障，只有解决了其对未来的担忧才能刺激参保人员的工作积极性，进而提高劳动生产率，带动整个社会运行效率的提升。其次，有效率的养老制度可以成为市场经济增长的新动力，经济高效发展必将提升一个国家在国际上的影响力和话语权。最后，养老制度应该在资源分配和资源配置两个层面都具有一定的效率性，通过提高资源分配的效率，可以缩小贫富差距，弱化社会中相应群体之间的潜在矛盾，通过提高资源配置效率，可以为劳动力市场增加活力。劳动投入是市场经济的基石，一个高效流动的人才市场不但可以维持正常企业之间的市场竞争，而且可以提高中国企业在国际市场上的竞争力。综合这三个方面的因素，养老制度的效率性的衍生范围很广，通过不同层面的渗透最终会影响宏观经济的健康有序运行、社会的稳定以及中国的国际地位。

公平性和效率性对于养老保障制度来说，两者必须协同发展、和谐统一。然而，在目前的养老制度的实施过程中，公平性和效率性很少出现和谐统一的情况，相反两者往往是矛盾的。在制定一项养老制度时，为体现公平性，需要通过国家财政的力量对那些贫困老人进行直接救助，为其老年生活提供必要的保障，因此公平性的体现意味着中央政府出现财政赤字，而政府赤字会导致整个社会不稳定现象的滋生，严重妨碍社会的运行效率。相反，在制定养老政策时，注重提高社会整体运行效率意味着加速现有的收入分配方案，拉大贫富差距，进而削弱社会公平性。

单一过度注重任何一方面而忽略另一方面最终都会由于出现短板效应从而影响制度的最终实施效果。具体来说，如果一味追求公平忽略效率的话，效率低下引起整个社会相关功能逐步丧失最终出现经济的倒退，这对于一个经济萧条的社会来说，公平显得毫无意义；如果一味追求效率忽略公平的话，高效率的运作只会进一步增加贫富差距，一时激化社会内部各个阶层的矛盾威胁社会的稳定，而对于一个动荡不安的社会来说，效率根本无从谈起。因此，效率和公平好比社会这个"巨人"的"双腿"，只有两者和谐统一、相互促进，坚持两条腿走路才能走得更远。从长远的角度出发，一方面，高效率意味着经济的迅猛发展，而经济条件作为养老保障的核心基础，繁荣的经济能够提供更大规模、更高福利的养老保障，由此实现更大范围的养老覆盖，提高公平性；另一方面，公平性能够提高人们的工作积极性，以及相关资源配置的有效性，进而会导致整个社会效率的提高。由此，养老保障制度的公平性与效率性之间存在一种相互促进、共同繁荣的和谐统一关系。

第一节　国际投资政策建议

除了积极制定国内产业促进政策外，产业国际投资政策也应进一步制定和完善。

一、设立对外投资促进协会

尽管中国对外投资已经达到一定规模，但是从目前中国进行对外投资的企业，尤其是一些中小企业来看，跨国经营经验不足。从其他国家的经验来看，日本的贸易振兴机构的设立可以提供一些借鉴，其 1958 年成立之初衷仅为促进国际贸易，经过 60 余年的发展，现在已经相当成熟壮大，其职能也从最开始的单一的贸易促进演变成现在的振兴贸易、对外投资与国际经济课题研究等综合职能。除专门的政府投资促进机构外，我国还缺乏商会等准政府、民间平台，国内企业进行国际投资仍较为依赖乡土地缘机构等，这类机构虽为私人搭建以促进企业间信息交流，但由于缺乏政府支持与指引，影响力略显不足。

未来应从两个层面入手：一是政府层面，立足于中国目前的现状，通过政府统一规划，设立相关协会，接受商务部投资促进事务局指导，利用政府的号召力与统筹力，一方面可以极大地整合资源，另一方面也能极大地辅助中国企业"走出去"，增强中国对外投资的综合实力。二是民间层面，采用民间力量为主、政府参与支持的模式，搭建类似中国欧盟商会、中国非洲商会等企业服务平台，定期组织项目推介会、投融资洽谈会等活动，增强企业间信息流通，提升企业国际投资能力。

政府部门职能应与民间机构职能有所差异。政府应专注于提供准政府或商业机构无法提供的服务，如解决双边争端、多边争端，搭建官方对话平台，以官方协调机制反映中国企业利益诉求。对于准政府机构或商业机构能够提供的信息服务、项目对接平台等，应交由此类机构提供。

二、完善国际投资补贴政策

国际投资补贴政策的目的是促进企业进行国际投资，根据上一章中的逆向技术外溢效应分析，可以看到企业进行国际投资可以实现技术积累，在达到一定程度后可实现技术创新。关于企业国际投资及技术创新，国家已有部分激励政策，为保障制度的公平性，建议在现有基础上采取以下改进手段。

一是税收减免代替直接资助。目前国内一般采取的是前期补助或贷款贴息的形式，这不仅造成了很多企业难以获得实际自主，而且容易造成反补贴贸易审查等国际贸易争端。税收减免是国际通用并认可的做法。建议政府推动国际税收协定的签订，减轻或避免双重征税。

二是事后补助代替事前资助。目前国内对企业多采取事前资助形式，以扶持企业技术创新，但由于体制机制问题，这种手段会存在弄虚作假的情况，难以真正实现公平性。采用事后补助的方式不仅可以避免这种状况，还可以提高企业对于经费的使用效率，提升社会的信任度。但在实际操作中，事后补助落实推广存在较大难度，政府应提高重视，继续推进。

三、简化审批程序

目前，国际投资需根据项目类型交由商务部或发展改革委审核，虽然政府在努力简化流程，但目前申报审批流程仍较为烦琐，这给企业进行国际投资在时间、人力、精力乃至财力方面造成了额外的负担，十分不利于企业国际投资业务的开展。

外汇资源作为中国利用外资的保障,对外汇使用及流出进行一定的审查审核在现阶段仍是非常必要的,但应重点关注风险评估及产业政策契合度,对于其他环节可进行相应简化,如改审批为备案等。针对风险评估和产业政策指导两个方面,可以参照目前环节,明确各个部门职责,同时制定明确核准及严格的审批权限规定。

第二节 养老产业发展建议

一、完善监管体系

现阶段中国的养老制度差异性明显,严重妨碍了社会公平性,因此有必要对现有养老体制进行改革。建立统一的养老保障体制需要一个科学合理的管理体系。各地政府的养老保障机构之间几乎没有沟通合作,导致相关机构在人员设置上会有一定的重复性。具体来说,中国现有的城镇国有企业职工与集体职工分为两个部门管理,公务员、事业单位员工与贫困群众分开管理。这种根据所有制将员工分为不同类型单独设置机构管理,一方面是现行制度规定,另一方面主要是考虑养老基金运行压力较大。但是管理部门过度分散、相关职能部门设置重叠一方面增加了费用支出,造成不必要的浪费;另一方面不利于相关部门集中管理,积累管理经验。因此,应该建立一个内部分工合理、职责明确的科学管理部门。

在养老保险制度逐渐完善的过程中,政府应该明确其在此过程中的责任清单。一方面,政府作为第一层保障——社会基本养老保障的主导者,应该充分认识到其职责是提供最基本的生活保障。因此,政府应该逐渐减少其在养老基金中所占份额,逐渐将其主导地位转给市场。另一方面,政府应该逐渐压缩其直接提供的养老金的适用范围,承担其在养老保障体系中的监管作用,通过不断地修正法律法规,促进养老产业的健康成长。

为了保证养老体制的改革,逐渐提高养老保障的覆盖率,既保证公平性又保证效率性,关键在于获得长期稳定的基金收益。由此,有必要探索如何科学有效地运营管理养老基金,通过基金收益获得长期稳定收益来保证社会保障的支出。中国现行的养老基金中,并没有对养老金中的个人账户资金充分利用,实现收益最大化。这种制度制定的初衷在于保证个人账户上资金的绝对安全,能在需要支付时没有任何差错。但是这种个人账户上的资金收益仅仅来源于银行利率,相对于通货膨胀来说差距巨大,更不用说与基金保本增值的收益率相比了。因此,个人账户从经济收益来讲根本不能实现收益,相反其实际上是在逐年贬值。考虑到个人账户极其保守运行模式的弊端,应该将目前个人账户中由企业年金组成的部分分离出来,明确其所有权与收益权之间的关系,协调两者之间的矛盾。仅仅将个人账户市场化,实现基金运行效率性,不仅可以增加收益,而且可以降低成本。这种收益率的提高也可以增加社会养老的吸引力,促进社会公众积极参与养老保障,参与度的上升意味着提高社会保障覆盖率,最终实现公平与效率相统一。

二、加大覆盖范围

扩大社会养老保障的覆盖范围是未来中国养老制度改革的主要方向。前面对中国养老保障的现状分析中已经提到,由于所有制和地域等因素的差异,中国养老保障覆盖人群极其有限。尽管近些年来,相关部门已经针对这一问题采取了相关措施,在缩小中国现有体制间的差异、加大养老保障覆盖范围等方面取得了一些成绩,但对于实现养老全覆盖这一终极目标来说,中国在养老制度改革的道路上仍然困难重重。因此,下一步改革的重点是加速普及养老保障,保证社会上的每一个群体都能够享受养老保障和相应的社会福利,对社会上的各个群体根据体制、地域等因素进行细分,并针对各自的特点研究出一套适应中国特殊国情和历史文化背景且兼顾公平与效率的养老制度改革方案。

首先,增加现有养老保障的人群种类、增加保险的种类;其次,在每一类人群中提高其普及率。其中需要特别注意如下几类人群:

第一,目前国有企业以及事业单位的养老保险几乎实现了全覆盖,但是非公经济的养老保险覆盖率仍严重不足,相当一部分非国有企业的职工并没有购买养老保险。经历了这些年的国有企业改革,市场上国有企业、事业单位以及私有企业的结构正在逐步发生变化,私有企业的市场份额正在逐年扩大,因此推动私有企业为其员工代扣代缴养老金变得越来越重要。随着目前非国有企业的规模不断扩大，其职工的社会占有率也在逐年提升，因此可以借鉴已有的国有企业或者事业单位养老保障体系的模式，逐步缩小不同体制之间养老保障的差异，慢慢实现两种制度的统一，最终扩大整个社会养老保障的覆盖范围。

第二，前面提到的非正规就业人员养老问题是困扰当前政府的最严峻问题之一。此前提出过一些解决方案，例如针对非正规就业人员，需要对这一特殊人群设计出一套符合其特点的养老制度，并且指定统一的机构管理其养老保障问题，确保其在频繁更换工作且没有正式劳动合同等法律效力的文件时也能定时续接其养老保险，确保其在退休时能享受合理的保障。但是这一草案一直没有实施，原因在于针对不同人群单独制定养老制度，会进一步加大不同群体之间的差异性，违背全国实现统一养老制度的原则。另外，非正规就业人员与农民这一群体目前所处情况相似，都处于收入偏低、难以支付较高的养老金的处境。因此本书提出，不再单独出台一项针对灵活就业人员或者农民的养老保险办法，而是应该充分了解这类人的特点，研究其与普通城镇员工的共性与差异，对现有的城镇基本养老制度进行调整。在缴费标准上，通过有条件的差异化设计，使其更好地适应这些灵活就业人员等人群，减少目标人群的经济压力，同时增加养老保障的吸引力，双管齐下，达到增加不同人群养老保障覆盖率的目的。

第三，针对失地农民这一人群，在制定相应的养老制度时，要考虑到其不断增加的生活成本，加大未来社会养老保障的吸引力，积极引导其自觉参与到养老保障体系中。可以通过政府补贴的方式，充分发挥国有土地出让金的作用，利用这部分资金减小失地农民在养老方面的压力，或者在征收土地时，增加一部分养老保障机制，使理财观念相对落后的失地农民的老年生活得到保障。对于贫困老人，政府要发挥其救济功能，其费用支出可以考虑采用多种渠道筹集资金，保证每一个老人在晚年时都能享受养老保障。

要解决目前养老保障普及率低的问题，在增加基本养老保险类别的同时，也要着眼于扩大每一项基本养老保险的普及范围。因此，管理部门需要完善监管制度，加强对相关企业的监管，保证一些只看重眼前利益、忽略长远利益的企业也参与到这项事业中。同时，媒体宣传部门应该响应政府号召，为养老保障事业添砖加瓦，通过社会宣传提高居民的自我认知，及时更新理财观念，引导公民对养老保障事业的认同和支持，这对于提高养老保障的普及率都具有极大的意义。

目前，中国的养老保险费用的统筹问题是另外一个影响其普及率的重要原因。一般来说，统筹层次与效率息息相关。通过调查现行养老制度的统筹层次可以发现，全国各省份表现出极强的差异性，这也间接加大了目前养老保障水平的差异性。对相关费用和基金运用的统一筹划，不仅可以保证同一层次下各个地区之间的公平性，提高制度运行效率，而且这实际上是一种收入再分配的表现形式，可以缩小地区之间的贫富差距，减小区域差异性。具体实施方案主要有两个关键点：

其一，目前提高统筹层次的阻力主要是区域之间的差异性带来的相关利益矛盾。统筹层次越高，养老制度的公平性越强。各地政府应该充分认识到这一点对于全国养老保障事业的积极影响，以整个社会的利益作为出发点，暂时忽略眼前的得失，注重长远的共同发展。若要实现全国统筹，各省份之间的差异性将会消失，同时，对全国的养老基金统一管理、统一运营，有益于消除各地区产业结构差异带来的风险，有益于各地方政府之间相关管理经验的有效交流。实现全国统筹的另一个好处在于完全消除了原本阻碍区域之间人才流动的障碍，促进企业间技术经验的交流，最终提高整个社会的公平性和效率性，为经济发展提供强大的推动力。

其二，实现全国统一筹划对基金管理方面提出了更高的技术要求。不同于原来的地方筹划，全国统筹的标的基金规模成倍增加，这也对管理效率提出了更高的要求。① 实现全国统筹需要有完善、高效、安全的基金管理体系作为基础。

三、完善三支柱养老模式

中国当今社会所面临的人口老龄化问题与世界上其他国家相比，存在其特殊性，当然也有共性，因此分析其他国家的养老模式可以为中国解决目前遇到的困境提供一定的参考。目前较为流行且被多个国家实行并检验的养老模式是世界银行的三支柱模式，该模式以社会责任为养老保险的核心精神，通过三种模式的结合来完成整个社会的养老全覆盖，以三足鼎立之势缓解国家财政压力，平衡收入

---

① 李美春. 如何规避中小企业组织架构设计与运行中的风险 [J]. 中国乡镇企业会计，2014（7）.

分配问题来保障老年人的晚年生活，为其提供更舒适的生活条件和环境。早在1991年中国就初步确定了要建立社会基本养老与企业养老相结合的战略目标，这为今后中国实施以多层次养老保险为终极目标，并以社会基本养老、企业补充养老与个人储蓄三支柱模式的核心思想为指导原则的渐进式改革战略奠定了基础。针对中国目前的基本国情，对三支柱养老模式详细介绍如下：

首先，以社会强制性的养老为第一层保障制度。以政府为主导，该层养老保障是针对整个社会上的所有公民的，确保每一个民众在进入老年时能维持基本的生活需求。该项保障由于覆盖面极广，旨在实现社会全覆盖，因此其保障强度最低，通过收入再分配减少社会贫富差距，承担着修正社会收入分配不公平的功能。中国现有的基本养老模式与国际上其他采取三支柱养老模式的国家相比，表现出低覆盖、高替代的特征。高覆盖率标志着社会基本养老体系的完善，但是由于其费用支出依靠国家财政体系，因此要实现高覆盖率的目标并不容易，这需要一个经济发展相当繁荣的社会体系作为支撑。考虑到目前中国的经济现状，一方面老龄化增速快，另一方面社会经济发展水平不足，因此可以参照其他国家的筹资方式，通过实行社会保障税来淡化未富先老的社会矛盾，从而缓解国家财政压力。不得不承认，高替代率确实能够给被保障者提供更高的福利和更好的生活条件，但是同样也意味着更高的财政支出与压力。所谓开源节流，在以社会保障税增加国家财政收入的同时，应该注重减少不必要的开支，例如合理设计相关政府部门的职能，让群众少跑腿、多办事，提高政府职能机关效率。另一种减少开支的方法是降低替代率。考虑到养老问题的社会性，单纯地提高替代率，增加民众福利，肯定会受到社会各界人士的支持；但是如果相反，直接降低替代率，减少民众的福利，利益相关者会异常敏感，这种心理落差会激发各种反对的声音，影响措施的落实效果，同时危害社会稳定。因此，需要一个切实可行的实施方案，来将养老保险替代率降到相对合适的位置。随着社会经济的不断发展，受通货膨胀的影响，在职职工的工资水平会有一定幅度的上升，这种通货膨胀率与工资增长率是客观存在的，如果已退休人员的养老金固定不变，在通货膨胀的情况下，其工资显然是下降的。通过先固定再浮动的方法，可以巧妙地降低替代率，采用退休金调整机制，使退休金的实际金额不变。因此，中国应该在推行三支柱养老模式过程中，逐步降低替代率的同时增加覆盖率，只有达到一个相对较高的覆盖率才能完成强制性社会保障满足民众基本生活需求的使命。

其次，以企业年金为第二层保障制度。企业年金是由企业主导的社会养老行为补充，在中国的实施方式表现为企业与雇员之间共同分担的形式，该保障制度承担着巩固社会基本养老制度，提高被保障人员未来退养生活水平的功能。企业年金可以极大缓解政府压力，作为第一层保障的强大支撑，该保险制度的完善是基本养老制度降低替代率的基础。由于企业在缴纳企业承担的部分资金时，属于非营利行为，是一种社会责任感的费用支出，因此该部分实施税收优惠政策。目前，中国的企业年金在整个养老保障体系中占比较低，下一步要积极完善相关制度。大力发展企业年金是目前养老保障改革的重要手段。具体而言，可以通过政府激励政策正向引导积极参与，同时加大社会宣传提高民众养老保障意识，倒逼企业进入养老体系，双管齐下；另外，通过完善相关的监管制度，避免一些侵害养老体系的违法行为的出现，为中国养老体制保驾护航。

最后，以个人储蓄形式的商业养老保险作为第三层保障制度。前面针对中国目前养老体系的现状的分析中已经提到，无论是从公平性出发还是从效率性考虑，以非正规就业人员、失地农民为代表的人群和基本游离在企业年金保障制度之外的人，应该大力发展以个人储蓄为基础的商业养老保险来进一步巩固现有的养老体系。所谓商业保险，就是遵循市场原则，个人自由参与的保险形式。个人的经济条件和储蓄状态是发展商业保险的基础，是完善养老保险体制的一个重要组成部分。由于第一层社会养老保险仅仅能提供最基础的生活保障，保障水平很低，对于社会上大多数人来说，难以满足其今后对养老的生活需求，由此基于个人储蓄的商业保险发挥了作用。另外，积极发展商业保险是社会基本养老保险实现公平和效率协同发展的重要手段，正是因为有商业保险的巩固，社会基本养老保险的保障水平可以压缩到一个足够低的水平，极大地分担了国家财政的一部分压力。如果说社会基本养老保险更偏向于低收入者或者贫困人群，通过强制性再分配手段达到社会全覆盖的养老状态，从本质上解决了养老保险的人格公平问题，那么商业保险则是更多地体现市场经济的效率性，以被投保人员之前所投保的金额为标准，决定其今后所能获得的收益，通过市场规律可以极大地提高养老保险的效率性，增强整个社会的运行效率，最终实现养老保障体系公平与效率平衡、协同发展的核心思想。这种保障主要承担进一步提高前面两种保障制度的保障水平，同时作为一些不能参加企业年金保障制度的人群的养老补充的功能。为发展个人储蓄的商业养老保险，相关部门要积极鼓励金融机构参与，通过多样化的产品设计带动基本养老保险的发展。

通过深入研究国外其他国家的商业保险发展现状，对比我们国家的发展状况，可以发现，中国的商业保险发展动力严重不足，尚处于萌芽阶段，而发达国家的发展已经相当壮大和完善，不得不承认，中国的商业保险发展任重道远。考虑到目前中国社会面临严峻的养老社会问题，积极完善养老保险制度，建立健全相关体系已经迫在眉睫，而商业保险对于该体系的重要性不言而喻，因此政府应该采取相关措施为其发展增加动力。具体来说，商业保险本质上是一种市场经济的产物，需要社会相关主体的积极主动参与。从金融机构角度，应该利用市场竞争的动力逐渐开拓新的服务领域，实现产品多样化，为社会上不同需求的人群提供更加精确的服务。从社会公众的角度，需求是刺激这一市场的唯一内生原动力，因此需要通过各种社会宣传与大众教育，树立一种自我保障的价值观，提高民众的养老保障意识。考虑到养老体系的三支柱之间相互关联、共同发展的密切联系，另外，西方发达国家的商业保险发展较为成熟的重要原因之一是其相配套的基本养老保险和企业年金制度都发展到了一定的阶段，因此想要积极引导商业保险的发展需要同时注重另外两个支柱制度体系的发展。对于这种市场主导的商业保险，一个相对积极、健康的发展环境是必备基础。因此，政府应该从政策支持、税收优惠以及法律法规方面同时发力。总体来说，三支柱养老模式中的三个环节之间相互联系，只有三者协同发展、共同进步才能保证中国养老体系的完善，在真正适应中国目前的基本国情的同时实现经济营利性与社会福利性平衡发展。

四、加大财政支持

中国的社会基本养老保险起源于计划经济时期，在当时的时代背景下，国有企业员工以在职期间相对较低的工资水平为代价换取今后退休的养老保障。职工低工资为企业所节约的成本或者积累的利润实际上是以企业利润的形式进入到国家财政机构，当时由于相关制度的不健全，没能单独开设一个养老基金的专用账户，用以覆盖今后这些退休员工的养老保障支出。随着计划经济向市场经济的转型，中国的养老保险体制逐渐完善，企业年金制度从无到有逐渐建立。单独养老基金的出现使其不得不承担之前遗留下来的养老问题，用现在的养老基金去支付以前计划经济时代的养老支出，造成目前的养老基金负荷过重，严重消耗未来的局面。理论上来说，健康养老基金的运营，是通过不断积累职工在职期间的基金，等到其年老退休时，为其提供保障，简而言之，就是提前储蓄，用自己的钱为将来的自己养老。但是目前中国这种时代背景下，这样的初衷很难实现，出现用现在在职职工未来的钱为已经退休的人养老的情况。资金借用现象不但危害整个体系的公平性，也打击社会公众参保的积极性，降低整个社会的运行效率。这种过度消耗未来的基金运转模式严重影响了基金总体规模和收益，进而给养老基金账户造成更大的压力，如此恶性循环，严重威胁养老保障体系的健康运行。政府作为养老保险制度的设计者和执行者，在制度运行过程中承担着缓解和协调利益相关者之间各种矛盾、积极推动改革逐步完善的责任。因此，政府要明确责任，规范相关管理程序，充分认识到造成目前资金借用现象的历史原因，逐步推动养老保障体制的完善。

首先，造成这一问题的本质是由于计划经济时代养老基金与国家财政收入混淆不清，由此政府应该积极采取财政支持手段。另外，对于一些贫困老人的救助支出，作为增加整个社会福利的一种重要手段，该部分支出本来就应该来自相应的税收收入。目前，在中国的政府财政预算中，社会保障部分占比大约1/4，这与西方发达国家相比，还存在很大差距。中国的社会福利要想达到西方发达国家的水平，还有赖全社会的共同努力，唯有枕戈待旦、奋勇前行方有可能完成这一历史使命。

其次，目前一些国有企业退休员工的养老保障问题，其最终需要追溯到国有企业中出，因此可以处置掉一部分国有资产，积极引入民间资本的参与，这与目前实施的国有企业制度改革的思想不谋而合。因此在国有企业改革的进程中，一部分国有企业的股权或者固定资产得以变现，政府部门应该以管理者的身份介入，将部分变现资金划入现有的社会保障基金账户中，用以支持养老保障体系改革。

最后，可以通过发行国债、企业债的方式筹集资金缓解目前养老体制改革所需资金压力。发行国债的好处在于可以提醒当局者正视目前财政压力，只有采取积极态度正视历史遗留问题，才能更好地解决问题，推动社会进步。另外，对于现阶段的中国社会，发行国债是一个可选择的合适手段。综观世界上其他国家的财政状况，中国的国债负担率相较而言处于一个相当低的状态，加上目前中国经济的飞速发展，适度利用国债的融资渠道可以有效缓解当前政府财政压力，为养老体制改革增加新的动力。

五、推行社会保障税

社会保障税目前在全球已有超过 130 个国家推行，并且早已成为国家财政再分配的重要工具。以税收的形式聚集资金，再通过政府为一些需要帮助的缺乏生活来源的弱势群体提供救助，维持其最基本的生活。通过研究那些推行社会保障税的国家的发展历程，总结成果经验，避开误区，可以进一步完善中国目前的税收体系，增加财税收入，提高社会保障水平。因此，中国应加快完善相关法律制度，尽快推出并施行社会保障税。

目前中国提供社会保障的基金来源于居民所缴纳的费用，缺乏相对统一的制度标准，社会保障体系的相对不完善不但造成了国家财政压力，而且使社会保障难以满足当前的社会发展需求。现行中国养老保险的统筹层次标准不一，总体水平普遍偏低。如果把现在的社会保障费用改成社会保障税的话，从本质上来说并没有增加新的税种，也没有增加社会公众压力，但是可以从根本上提高中国的养老保险统筹层次，形成国家统一筹划的雏形。

推行社会保障税是目前推动养老制度改革的重要手段之一，是中国税收体系走向完善和成熟的必经之路。通过分析国外推行该税收的各阶段，总结归纳出其推行条件，然后考虑到中国现在的特殊国情，可以从民众和技术两方面来考量。首先，从民众基础上考虑，开征社会保障税可以提高目前社会整体福利，提升养老制度公平性。近些年，随着社会公众教育水平的逐步提高，居民对于政府征收税收的理解度逐渐提高，因此从民众认知角度考虑，中国现在已经完全具备征收社会保障税的条件。其次，从征收技术上考虑，在以前的社会保障体系基础上，经过法律法规的不断完善，其技术条件已经完全具备。

中国现在老龄化情况严重，而现状财政状况难以支持开展大规模的社会保障活动，因此推行社会保障税可以有效地解决目前未富先老的社会现状。提倡社会保障税，通过法律手段将原来的费用变成强制性税收，极大地提高了这一项财政收入的筹集力度。前面提到的提高养老保险制度统筹层次问题，也可以通过统一的强制性的税收解决目前的收费标准不一、征集力度不够的问题。另外，强制性的收费有益于进一步提高养老保障的覆盖范围，带动中国养老保障体制实现统一，提高养老保障覆盖率。

参考文献

［1］ Abdi J, Alhindawi A, Ng T, et al. Scoping review on the use of socially assistive robot technology in elderly care ［J］. BMJ Open, 2018, 8 (2): e018815.

［2］ Do H M, Pham M, Sheng W, et al. RiSH: A robot-integrated smart home for elderly care ［J］. Robotics & Autonomous Systems, 2018, 101: 74-92.

［3］ Fukui S, Otoguro C, Ishikawa T, et al. Survey on the use of health consultation services provided in a Japanese urban public housing area with a high elderly population ［J］. Geriatrics & Gerontology International, 2016, 16 (1): 81-88.

［4］ Kogut, Bruce, Sea -Jin Chang. Technological capabilities and Japanese foreign direct investment in the United States ［J］. The Review of Economics & Statistics, 1991, 73 (3): 401-413.

［5］ Kyoungho L, Jae-Hyun C, Seokwon L, et al. Indoor levels of volatile organic compounds and formaldehyde from emission sources at elderly care centers in Korea ［J］. PLOS ONE, 2018, 13 (6): e0197495.

［6］ Liu H, Eggleston K N, Min Y. Village senior centres and the living arrangements of older people in rural China: Considerations of health, land, migration and intergenerational support ［J］. Ageing & Society, 2017, 37 (10): 30.

［7］ Miller W, Vine D, Amin Z. Energy efficiency of housing for older citizens: Does it matter? ［J］. Energy Policy, 2017, 101: 216-224.

［8］ Peek S T M, Luijkx K G, Vrijhoef H J M, et al. Origins and consequences of technology acquirement by independent-living seniors: Towards an integrative model ［J］. BMC Geriatrics, 2017, 17 (1): 189.

［9］ Roberts A R, Adams K B. Quality of life trajectories of older adults living in senior housing［J］. Research on Aging，2017：016402751771331.

［10］Roth E G，Eckert J K，Morgan L A. Stigma and discontinuity in multilevel senior housing's continuum of care［J］. The Gerontologist，2015：gnv055.

［11］Serejo C R D S，Sá Selma Petra Chaves，Maria D A，et al. Educational technology：A facilitating instrument for the elderly care［J］. Revista Brasileira de Enfermagem，2018，71（suppl. 2）：786-792.

［12］Sugimoto K，Ogata Y，Kashiwagi M. Factors associated with deaths in，Elderly Housing with Care Services，in Japan：A cross-sectional study［J］. Bmc Palliative Care，2017，16（1）：58.

［13］张孔娟，朱昭武．"一带一路"带来养老产业机遇［N］. 中国经济时报，2017-06-08.

［14］财政部助力 PPP 养老服务业发展［J］. 新理财，2017（9）：12.

［15］曹剑飞．经济全球化与中国产业优化升级［D］. 中央财经大学，2016.

［16］陈杰．直企布局养老产业［J］. 知识经济（中国直销），2018，465（6）：72-75.

［17］陈益华，张石峰．肇庆市老年产业市场化发展探究［J］. 贵州商学院学报，2016（4）.

［18］单娟．中日养老地产业的比较研究［J］. 亚太经济，2016（4）：90-95.

［19］丁晨轩．关于建立长期照护体系的几点思考［J］. 前进论坛，2017（10）：60-61.

［20］国家发展和改革委员会．中国对外投资报告［R］. 2017.

［21］冯雪东，郑生钦．养老地产 PPP 项目投资风险评价研究［J］. 工程管理学报，2016，30（3）：148-152.

［22］冯雪东，郑生钦，王德芳，马光德．养老地产 PPP 项目特许期决策［J］. 土木工程与管理学报，2017，34（3）：131-136.

［23］富爽．西安市养老机构不同年龄阶段老人生活心理满意度及其相关因素研究［J］. 经济研究导刊，2018，370（20）：99-100+114.

［24］韩孟孟，袁广达，张三峰．技术创新与企业就业效应——基于微观企

业调查数据的实证分析 [J]. 人口与经济, 2016 (6): 114-124.

[25] 韩思哲. 房地产投资信托与中国养老地产融资模式 [J]. 国际经济合作, 2018 (11): 62-66.

[26] 郝昭成. 国际税收迎来新时代 [J]. 国际税收, 2015 (6): 11-15.

[27] 何金旗, 姚元凯. 近期中国外汇储备规模变动成因探究 [J]. 对外经贸, 2018, 286 (4): 95-100.

[28] 胡祖铨. 养老服务业领域政府投资规模研究 [J]. 宏观经济管理, 2015 (3): 46-48.

[29] 李浩然. 养老地产运营模式探究 [D]. 聊城大学, 2015.

[30] 李坤. 中国对 "一带一路" 国家直接投资的产业选择研究 [D]. 湖北大学, 2016.

[31] 李兰军. 养老地产 PFI-REITs 模式与基于熵值法的融资风险分析 [J]. 金融理论与实践, 2015 (7): 82-86.

[32] 李善乐. 哪些因素影响大学毕业生就业满意度——基于调查数据的分析 [J]. 中国青年研究, 2017 (5): 97-105+111.

[33] 李素红, 方洁, 苑颂. 基于社会网络分析的城市养老地产开发适宜性评价 [J]. 管理现代化, 2017, 37 (5): 20-24.

[34] 李雅. 浅论中国养老地产的商机无限 [J]. 知识经济, 2015 (2): 43-45.

[35] 李子耀, 钟雯. 中国保险公司投资养老地产运作模式研究 [J]. 甘肃金融, 2017 (5): 40-45.

[36] 林峰. 银发浪潮下养老地产的成长困局 [J]. 中国房地产, 2018 (35): 47-52.

[37] 刘旦. 中国养老地产业发展思路研究 [J]. 建筑经济, 2015, 36 (9): 24-28.

[38] 刘溧. 养老院室内空间的人性化设计 [D]. 东南大学, 2017.

[39] 刘亮, 郭师虹, 杨晶晶. 中国养老地产发展现状及对策研究 [J]. 建筑经济, 2016, 37 (1): 67-70.

[40] 刘双芹, 李敏燕. 基于制度视角研究中国对 "一带一路" 沿线国家直接投资的影响 [J]. 经济研究导刊, 2018, 368 (18): 90-94.

[41] 刘天宇. 房地产投资信托基金的风险研究 [J]. 中国商论, 2017 (14): 24-25.

[42] 刘宇坤. 中国房地产企业国际化路径研究 [D]. 东南大学, 2017.

[43] 刘远风. 农村空心化背景下的社会保障制度建设 [J]. 江西社会科学, 2016 (8): 211-215.

[44] 南晓芳, 杨旻, 王益民. 基于四维视角的新疆企业国际化进程研究 [J]. 新疆财经, 2015 (3).

[45] 青连斌. 中国养老服务业发展的现状与展望 [J]. 中共福建省委党校学报, 2016 (3): 75-83.

[46] 尚晓萍. 养老服务设施用地能否使用集体土地 [J]. 中国土地, 2015 (3): 56.

[47] 盛松成, 李鹏. 把握中央一号文件契机 促进保险养老社区建设 [J]. 上海金融, 2018 (4): 1-3.

[48] 师晓莉. 中国集群式养老地产规划模式探索 [J]. 改革与战略, 2015, 31 (11): 191-194.

[49] 宋全成. 人口高速老龄化: 中国社会养老服务面临严峻挑战 [J]. 理论学刊, 2016 (2): 122-129.

[50] 苏雅琴, 喻瑶, 许珠. 居民购买养老地产意愿影响因素研究——基于湖南省居民的调查数据 [J]. 调研世界, 2016 (3): 26-31.

[51] 唐钧. 中国老年服务的现状、问题和发展前景 [J]. 国家行政学院学报, 2015 (3): 75-81.

[52] 万立军, 汪煜鹳. 养老地产运营模式优化分析 [J]. 学术交流, 2016 (7): 139-144.

[53] 王笳旭, 冯波, 王淑娟. 老龄化、技术创新与经济增长——基于中国省际面板数据的实证分析 [J]. 华中科技大学学报 (社会科学版), 2017, 31 (5): 116-126.

[54] 王建军. 加快推进现代养老服务体系建设 [J]. 紫光阁, 2018 (9): 47-49.

[55] 王力. 迈向现代化的中国国际税收 [J]. 国际税收, 2016 (5):

52-58.

[56] 王婷，李科宏．老龄化对人口红利的影响研究——基于供给侧视角 [J]．云南财经大学学报，2017（3）．

[57] 王晓红．推动新时期中国对外直接投资的战略思路 [J]．全球化，2017（1）：28-49+134.

[58] 王旭育．基于社区模式的美国养老地产发展研究与启示 [J]．城市发展研究，2016，23（5）：119-124.

[59] 文建军．养老产业的投资与盈利逻辑分析 [J]．中国房地产（市场版），2016（7）．

[60] 吴倩，蒲彦妃．浅谈农村就地集中养老模式 [J]．经营管理者，2017（25）：307.

[61] 吴雅琴，康铁强．公立养老机构的财务信息披露研究 [J]．商业经济，2016（12）：110-112.

[62] 谢文海，刘有于．武陵源风景名胜区龙尾巴村养老模式选择意愿分析 [J]．旅游纵览（下半月），2018（5）．

[63] 辛连珠，顾玉蕊．合伙企业合伙人取得投资收益的所得税处理 [J]．中国税务，2016（5）：48-50.

[64] 新平．税制改革是地方政府债务阳光化的根本保障 [J]．金融博览，2015（3）．

[65] 熊惠，沈山，秦晴．"积极老龄化"视角下的现代城市养老居住模式研究 [J]．经济师，2017（5）：18-19.

[66] 徐瑞峰．中国养老地产发展模式创新研究 [J]．金融与经济，2015（7）：74-76+21.

[67] 薛蒙．人民币国际化背景下外汇储备的投资组合研究 [J]．北方经贸，2018，401（4）：97-98+101.

[68] 杨剑坤．浅谈养生养老产业发展思路 [J]．民营科技，2017（7）：263-265.

[69] 杨晓峰，周飞舟．中国养老产业标准化探索 [J]．科技视界，2015（27）．

［70］叶红雨，韩东 . OFDI 逆向技术溢出效应研究述评与展望［J］. 当代经济管理，2015，37（2）：10-15.

［71］于乐，栾淑梅 . 辽宁省养老产业开发模式研究［J］. 辽宁行政学院学报，2016（12）：48-51.

［72］岳磊 . 政策"发力"养老金融［J］. 金融博览（财富），2016（12）：48-52.

［73］张娟 . 政府在中国企业跨国并购中的作用分析：基于"一带一路"的视角［J］. 国际贸易，2017（2）：51-54.

［74］张丽丽 . 盈利视角下中国养老地产业发展及运营模式研究［J］. 改革与战略，2016，32（8）：35-38+150.

［75］张少展，张春海 . 基于软件规模的需求优先级排序方法应用［J］. 微型机与应用，2015，34（1）：81-84.

［76］张鑫 . 国际投资集聚背景下中国 OFDI 的逆向技术外溢效应研究——以对美国 OFDI 为例［J］. 特区经济，2015（6）：58-61.

［77］甄小燕，刘立峰 . 中国养老政策体系的问题与重构［J］. 宏观经济研究，2016（5）：23-27+72.

［78］郑生钦，司红运，贺庆 . 基于 BOT 模式的养老社区项目特许期决策［J］. 土木工程与管理学报，2016，33（4）：29-34+40.

［79］钟雯 . 中国保险公司投资养老地产的 SWOT 分析［J］. 保险职业学院学报，2017，31（4）：50-53.

［80］周坚，韦一晨，丁龙华 . 老年长期护理制度模式的国际比较及其启示［J］. 社会保障研究，2018，58（3）：93-102.

［81］周坚，韦一晨，丁龙华 . 老年长期护理制度模式的国际比较及其启示［J］. 社会保障研究，2018（3）：92-101.

［82］朱婳丹 . 中国养老地产开发模式现状分析［J］. 经济论坛，2016（5）：94-101.

后 记

我国养老产业的重要载体是养老地产，而地产投资又是我国"三驾马车"中投资发展的重要基石。笔者在房地产行业摸爬滚打 20 余年，对该行业有着深厚的感情。近年来，随着运营型地产物业类型的增加，加之未富先老的国情所致，大力发展养老产业是当务之急，笔者以此为主题进行了相应的研究。

笔者在撰写本书过程中，得到了博导孙选中教授的大力指导，亦有我的母校中国政法大学商学院张巍老师的悉心帮助，同时我的同事梅思思在数据方面做了很多工作，安津、范少达两位同仁在本书出版过程中也给了我大量协助，在此一并表示感谢！

学无止境，该领域还将随着中国经济的发展与人口结构的变化而产生深远的影响，愿与广大同仁一同继续探讨此话题，并请大家给予积极有益的批评和指教！

廖苏宏

2023 年 8 月于海淀